首阳教育书系

大数据背景下高校思想政治教育的优化发展研究

陈曦艳　王利蕊　著

陕西师范大学出版总社　西安

图书代号　JY24N2271

图书在版编目（CIP）数据

大数据背景下高校思想政治教育的优化发展研究 / 陈曦艳，王利蕊著. -- 西安 : 陕西师范大学出版总社有限公司，2024. 10. -- ISBN 978-7-5695-4868-6

Ⅰ. G641

中国国家版本馆 CIP 数据核字第 20245R4M99 号

大数据背景下高校思想政治教育的优化发展研究

DASHUJU BEIJING XIA GAOXIAO SIXIANG ZHENGZHI JIAOYU DE YOUHUA FAZHAN YANJIU

陈曦艳　王利蕊　著

出 版 人　刘东风
出版统筹　杨　沁
特约编辑　张若凡
责任编辑　赵苏萍
责任校对　曹小荣
封面设计　知更壹点
出版发行　陕西师范大学出版总社
（西安市长安南路 199 号　　邮编　710062）
网　　址　http://www.snupg.com
印　　刷　河北赛文印刷有限公司
开　　本　710 mm×1000 mm　　1/16
印　　张　12
字　　数　240 千
版　　次　2025 年 1 月第 1 版
印　　次　2025 年 1 月第 1 次印刷
书　　号　ISBN 978-7-5695-4868-6
定　　价　58.00 元

读者使用时若发现印装质量问题，请与本社联系、调换。
电话：（029）85308697

作者简介

陈曦艳，湖南长沙人，毕业于湖南大学，硕士研究生学历，现为长沙航空职业技术学院讲师。已发表论文10余篇，参编出版专著、教材6本，主持、参与12项省级课题及教改项目。研究方向：大学生思想政治教育。

王利蕊，河南范县人，毕业于东北大学，硕士研究生学历，现为河南艺术职业学院副教授。主持河南省高等教育教学改革研究与实践立项项目1项、河南省教育系统党建创新项目1项、河南省社会科学界联合会项目多项，发表论文10余篇。研究方向：大学生思想政治教育。

前　言

随着信息技术的飞速发展，大数据已经渗透到社会的各个角落，深刻改变着人们的生产、生活和思维方式。在教育领域，大数据技术的应用为高校思想政治教育带来了前所未有的机遇和挑战。因此，在大数据背景下，高校思想政治教育要积极探索如何利用大数据技术来优化教育模式、提升教育效果，同时也需要注重数据安全和学生隐私的保护。通过不断的研究和实践，推动高校思想政治教育的创新和发展，为培养德智体美劳全面发展的社会主义建设者和接班人奠定坚实基础。本书旨在通过数据驱动的方式提升教育内容的针对性、优化教育方式和手段、实现隐性思政教育、推动个性化教育的实现以及提高教育的实效性，从而为学生提供更高质量的思想政治教育服务。

全书共七章。第一章为绪论，主要阐述了大数据与大数据时代、思想政治与思想政治教育、大数据与高校思想政治教育的关系等内容；第二章为高校思想政治教育概述，主要介绍了高校思想政治教育的特征、高校思想政治教育的规律、高校思想政治教育的原则、高校思想政治教育的内容、高校思想政治教育的价值等内容；第三章为大数据背景下高校思想政治教育面临的机遇与挑战，主要阐述了大数据背景下高校思想政治教育面临的机遇和大数据背景下高校思想政治教育面临的挑战等内容；第四章为大数据背景下高校思想政治教育方法的优化，主要阐述了高校思想政治教育方法的现状、高校思想政治教育的基本方法、大数据背景下的高校思想政治教育方法等内容；第五章为大数据背景下高校思想政治教育模式的优化，主要阐述了高校思想政治教育模式的现状、高校思想政治教育的基本模式、大数据背景下的高校思想政治教育模式等内容；第六章为大数据背景下高校思想政治教育的联动机制，主要阐述了大数据背景下高校思想政治教育联动机制的构建和大数据背景下高校思想政治教育联动机制的应用等内容；第七章为大数据背景下高校思想政治教育的转向和路径优化，主要阐述了大数据背景下高校思想政治教育的转向和大数据背景下高校思想政治教育的路径优化等内容。

全书由陈曦艳担任第一作者，共计撰写14万字；王利蕊担任第二作者，共计撰写10万字。

为了确保研究内容的丰富多样，笔者在写作过程中参考了大量理论与研究文献，在此向涉及的专家、学者表示衷心的感谢。

最后，限于笔者水平，本书难免存在一些不足之处，在此恳请读者朋友批评指正！

目　录

第一章　绪论

随着互联网的普及和信息化进程的加快，大数据技术已经渗透到各行各业，也深刻地影响着高校思想政治教育工作。深入探讨大数据与思想政治教育两方面的基础理论知识与联系可以为进一步推动两者的深度融合、提高高校思想政治教育的质量和效果提供重要的理论参考价值。因此，本章主要围绕大数据与大数据时代、思想政治与思想政治教育、大数据与高校思想政治教育的关系展开研究。

第一节　大数据与大数据时代

一、大数据

（一）大数据的定义

“大数据”这个词近年才被人们高度关注。其实早在1980年，著名未来学家阿尔文·托夫勒就曾将“大数据”称颂为“第三次浪潮的华彩乐章”。目前，对于大数据的定义并不唯一，不同的定义是不同的视角下对大数据的不同理解，这里给出几种较为常用的定义方法。

①维基百科对大数据的定义：大数据，简言之，是指那些由于数据量庞大或结构复杂，难以利用传统数据处理软件进行有效处理的数据集合。

②研究机构高德纳对大数据的定义：大数据被视为一种高容量、高速度和多样化的信息资产，为了提升业务洞察力、优化决策过程和自动化流程，需要经济高效且创新的信息处理策略和技术。

③国家标准《信息技术　大数据　术语》（GB/T 35295—2017）中的定义：大数据是指具有体量巨大、来源多样、生成极快且多变等特征，并且难以用传统数据体系结构有效处理的包含大量数据集的数据。

（二）大数据的特征

从关于大数据的定义中就可以看出大数据区别于传统数据的基本特征，这些特征常常用几个英文单词的首字母来概括。2001 年，研究机构高德纳的分析师道格·莱尼首次提出了大数据的“3V”特征，即体量大（volume）、类型多（variety）和速度 velocity（快）。随后一些公司和企业陆续推出了更多“V”特征，如国际商业机器公司（IBM）重新定义和完善了大数据“4V”理论，即在“3V”的基础上增加了数据的真实性（veracity）。互联网数据中心（IDC）在报告《从混沌中提取价值》中强调了第 5 个特别重要的“V”特征，即大数据的价值大（value）。下面重点介绍这五个最重要的特征。

1. 体量大

即使是一个不太懂得“大数据”的人在提到大数据的时候，也会立即想到大数据中的“大”表示数据量大。这是区分大数据和传统数据的最明显因素之一，也是大数据的核心特征。当数据规模很小时，已有非常成熟的数据存储、计算、分析等方案，数据模型也有非常多的研究方法。

计算机在处理数据时需要将其编码成二进制格式，字节（B）是数据量大小的基本单位，每个字节代表 8 个二进制位（bit）。数据量单位对照表如表 1-1 所示，这可以辅助理解数据量单位的大小关系。

表 1-1　数据量单位对照表

单位	换算关系	理解
字节（B）	1 字节 =8 个二进制位	最小的计算机的存储单位
千字节（KB）	1 千字节 =2^{10} 字节	一个简单的纯文本文档是 10 千字节
兆字节（MB）	1 兆字节 =2^{10} 千字节	一个高分辨率的图像在 1～5 兆字节，压缩的一首歌为几兆字节
吉字节（GB）	1 吉字节 =2^{10} 兆字节	一部高清电影在 1 吉字节左右
太字节（TB）	1 太字节 =2^{10} 吉字节	现在常见的硬盘大小在 2 太字节左右
拍字节（PB）	1 拍字节 =2^{10} 太字节	谷歌公司在其服务器上存储了超过 100 拍字节的数据
艾字节（EB）	1 艾字节 =2^{10} 拍字节	一定时间内通过互联网传输的数据量，如每年通过互联网传输的数据有数百艾字节
泽字节（ZB）	1 泽字节 =2^{10} 艾字节	全世界的数据加起来是几泽字节

然而，大数据的“大”是一个相对的概念，因为数据量的大或小将随着市场上现有的计算能力而改变。目前来看，现有技术无法处理的数据量基本是指几十太字节到几拍字节的数量级。随着存储、管理和计算能力的增强，原本认为是大数据的可能不再构成大数据。另外，不同的学科对数据量“大”的理解也有所不同。

2. 类型多

类型多即表示数据类型多样化。在定义数据类型的时候，根据数据的结构化程度，可以将数据分为结构化数据、非结构化数据和半结构化数据。有统计显示，未来非结构化数据的占比会达到 90%，并且非结构化数据的增长速度比结构化数据的增长速度快 10 ～ 50 倍。

3. 速度快

“速度快”可以从以下两个角度进行理解。一是数据的生成速度快，如视频监控数据、微信数据等每天都以惊人的速度持续生成。单纯的量大并不代表大数据，一个太字节级别的数据如果是在十年内产生的，那么这个数据不一定可以称为大数据。二是数据处理的速度快。数据的存在通常具有时效性，如果不快速对其进行处理，那么数据就会失去意义。有些应用需要实时的处理结果以辅助决策，数据的处理效率决定了企业的竞争力，甚至是企业的命运。因此，大数据的实时计算、实时分析变得非常重要，成为热门的研究问题。

4. 真实性

数据中可能存在误差、缺失等情况，真实的、有质量的数据既是数据分析的基础，也是大数据价值发挥的关键。

5. 价值大

大数据备受关注最重要的原因就是大数据的价值大。大数据可以将低价值密度的数据整合为信息资产，发挥巨大作用。当然，数据如果没有价值，就没有分析的必要了。因此，一些企业愿意付出巨大的代价提高推荐系统的准确率，只有这样才能提高平台交易量，从而创造更大的商业价值。

然而，有价值的信息往往被淹没在海量无用的数据之中，大数据的价值密度非常低，发现数据的价值越来越困难。因此，如何利用大数据分析方法迅速完成数据的价值挖掘是大数据时代亟待解决的难题。

（三）大数据的成因

1. 数据的存储和管理能力增强

（1）数据存储技术进步

随着科技的飞速发展，数据存储技术也取得了显著的进步。现代数据存储技术不仅显著提升了存储容量和存储速度，而且使数据存储设备的价格也呈现出持续下降的趋势。这使得人们能够轻松地保存和管理海量的数据。

1965 年，英特尔公司的创始人之一戈登·摩尔提出了著名的摩尔定律：当价格不变时，集成电路上可容纳的元器件的数目约每隔 18 ～ 24 个月便会增加一倍，性能也将提升一倍。根据这一定律，同一面积芯片上的晶体管数量每隔一到两年就会翻倍。事实上，硬件的发展基本上遵循了这一规律。随着单位面积芯片上晶体管密度的增加，计算机硬件的主要性能——存储能力和处理速度也实现了每隔一到两年就翻倍的飞跃。

与硬件性能的这种显著提升形成鲜明对比的是，硬件价格呈现出持续下降的趋势。以 IBM 公司在 1955 年推出的第一款商用硬盘存储器为例，当时 1 兆字节的存储容量需要高达 6000 美元的投资。2010 年在我国市场上 500 吉字节的硬盘价格为 400 元左右，而 2022 年以同样的价格可以买到 2 太字节容量的硬盘，并且硬盘的处理速度也得到了大幅提升。价格低廉、性能优越的数据存储设备为大数据的产生创造了硬件条件。

（2）数据库的发明提升了人类存储、管理数据的能力

20 世纪六七十年代，数据库被发明出来。数据库是数据管理的方法和技术，其降低了数据管理的复杂性，让数据的组织和维护更加方便，让人们可以有效地利用数据。数据库的技术不断推演，从传统的关系数据库进化到高性能的非关系数据库，存储、管理数据的能力不断提升。数据库支持海量数据的存储，包括结构化数据和各种非结构化数据。数据库可以较好地应用于大数据时代各种类型的数据管理，解决了大数据存储和管理的难题。

2. 数据采集能力增强

（1）传感材料技术及物联网的发展

大数据的另外一个推动力是信息传感设备的出现。得益于传感材料技术以及物联网的发展和应用，大量物理世界的状态被记录并保存了下来。例如，射频识别（RFID）技术通过射频信号自动识别目标对象并获取相关数据。我国已将

RFID 技术应用于火车汽车识别、行李安检、医疗信息追踪、身份证和票证管理、动物标识、公共交通及生产过程管理等多个领域。

（2）社交媒体时代的到来

在社交媒体产生之前，数据的产生和采集主要靠信息系统和传感器，而随着互联网和智能手机的普及，微博、微信等社交媒体相继问世。这些社交媒体给大家提供了一个平台，人们通过这些平台可以随时随地发布微博、朋友圈等表达和分享自己的活动、思想，这些都是数据，每个发布者都是数据的生产者。这样的数据每天都在产生，经过日积月累的记录和存储，加速了大数据时代的到来。

3. 大数据分析和挖掘等技术的同步发展

大数据的重要特征之一是价值大，没有价值的大数据就没人关注。如同石油有价值一样，虽然远古时代就有石油，但是如果没有开采石油的技术和工具，也只能眼看着满地的石油而无能为力。大数据分析和挖掘技术就是实现从大数据到大价值的关键技术。统计学、数据挖掘、机器学习、深度学习等用于数据分析的技术快速发展，进而有利于从海量、非结构化、高维的复杂数据中发现数据隐藏的规律和趋势，得到有价值的结果。

现在的机器学习算法都拥有开源社区的支持，更多的资源、框架和库使得开发变得更容易。事实上，除了大数据分析和挖掘技术，其他大数据技术也日益成熟，如数据采集、数据存储与管理、数据处理与分析、可视化、高性能计算及软件开发等。这些技术的发展使人们开始能够利用技术的进步从大数据中获得更多的成果。围绕算法、技术和工具的进步，人们不断产生更加膨胀的需求，如挖掘数据更大的价值、提出更好的应用服务模式、提供更多的技术支撑等，从而引发了各界对大数据的普遍关注、跟踪和追捧。

在信息技术的浪潮中，人们制造并采集数据的速度始终保持着领先的态势，这超越了数据处理技术的发展速度。因此，人类将持续面对“大数据”这一挑战，这里的“大数据”指的是那些“数据规模庞大到超越当前工具获取、存储、管理和分析能力的数据集”。鉴于这种持续性的数据增长和技术发展的相对滞后，“大数据”挑战无疑将在未来长期存在。

（四）大数据的主要类型

在大数据和数据科学研究中会遇到许多不同类型的数据，并且每种数据往往需要不同的工具和技术。大数据的主要类型包括以下几种。

1. 结构化数据

结构化数据是指依赖数据模型并保存于固定字段中的数据，这种数据很容易存储在数据库或 Excel 表中。

2. 非结构化数据

非结构化数据是指没有预定义的数据模型以及数据结构不规则或不完整的数据，其内容取决于上下文并且是变化的。电子邮件、微信聊天记录就是非结构化数据的例子。

其中，自然语言是一种特殊类型的非结构化数据，它的处理具有挑战性，因为需要具体的数据科学技术和语言学知识。自然语言处理在实体识别、主题识别、摘要、文本填写和情感分析方面取得了成功，但在一个领域中训练的模型并不能很好地扩展到其他领域。即使是最先进的技术也无法破译每一段文字的含义。

3. 机器生成数据

机器生成数据是指由计算机、应用程序或其他机器自动创建的信息，这一过程无需人为干预。机器生成数据正在成为主要的数据资源。

4. 图形数据

在图论中，图是指用于模拟对象之间的成对关系的数学结构。图形数据是以图形为对象形式的表示。图结构使用节点、边和属性来表示和存储图形数据，基于图形的数据是表示社交网络的自然方式，其结构允许计算特定指标，如人的影响力和两个人之间的最短路径。

5. 音频、视频和图像

音频、视频和图像是对数据科学家构成特定挑战的数据类型。这种对人类来说微不足道的任务，如识别图片中的对象，却对计算机带来了挑战。

6. 流数据

虽然流数据几乎可以采用任何之前所述的形式呈现，但它具有额外的属性，当事件发生时，数据以流的形式载入系统而不是批量加载到数据存储中。

（五）大数据的处理流程

大数据的处理流程主要包括数据采集与数据预处理、数据的存储与管理、数据可视化、数据分析与挖掘、大数据处理等不同步骤，实际应用中可根据需要进行迭代。

1. 数据采集与数据预处理

只有首先获得了数据，才能进入后续的处理流程。数据采集是指将不同来源的数据汇聚到一起。在大数据时代，万物皆可数据化，因此数据的来源丰富多样，包括通过办公系统、摄像头、传感器、可穿戴设备等记录的数据，从互联网抓取的数据，系统运行的日志数据等。采集到的数据一般无法直接应用于模型，数据缺失、不一致、冗余等问题不可避免，必须进行清洗、变换、缺失值的处理等一系列操作来解决这些问题，否则会造成“垃圾进、垃圾出”的数据处理无效果现象。这个从拿到原始数据到整理成整洁数据中间的操作过程都可以称为数据预处理。

2. 数据的存储与管理

数据的存储与管理是大数据处理流程中的关键步骤。数据的存储与管理技术最早从 20 世纪 60 年代的文件管理系统开始，后来数据库和数据仓库出现并逐渐占据了主导地位。到了大数据时代，随着数据类型越发复杂、数据量急剧增大，能够以低成本、高性能处理数据的存储和查询技术迅速发展，涌现了分布式文件系统、非关系型数据库等一系列新型的数据管理技术。数据的存储与管理技术的发展随着所管理的数据类型和应用场景的演化而不断演化。

3. 数据可视化

数据可视化是指将数据转化为图形，以更直观的方式进行展示和表达，是理解和探索大数据的重要步骤。数据的可视化方式可以将抽象的数据进行有效、直观的表达，从而更准确、更简洁、更全面地传达信息。

数据可视化引导人们从数据中得到有价值的推论或帮助人们发现某种规律和特征，甚至可以洞察统计分析中无法发现的结构和细节。数据可视化既可以在数据分析之前作为数据探索的步骤，也可以在数据分析之后用来呈现分析结果。

4. 数据分析与挖掘

数据在经过采集与预处理之后，虽然已经以某种相对整洁的方式存储在计算机中，但是并不能看出其中蕴含的价值和规律，只有经过深度的分析和挖掘才能发现其价值，之后才有可能进一步将其转化为资产或商业价值，这个过程就是数据分析与挖掘。数据分析与挖掘是大数据生命周期中的核心组成部分，是价值发现的重要环节。在这个阶段，经典的统计学和机器学习是最常见的分析方法，除此之外，近年来发展迅猛的深度学习算法在很多领域也取得了较大的进步。

5. 大数据处理

随着大数据技术的进步，大数据应用逐渐形成了庞大的生态系统，大数据处理要面临的问题复杂多样，单一的架构或处理技术无法覆盖所有的场景。大数据时代对数据的处理速度和精度的要求很高，普通的个人计算机难以处理大规模的复杂数据任务，于是催生了各种分布式处理框架。

二、大数据时代

（一）大数据时代的产生背景

近些年，云计算、物联网和移动互联网、社交媒体等新型信息技术和应用模式快速发展，信息技术渗透进人类世界的政治、军事、生活等各个领域，并与之不断融合，数据成为又一个重要的生产要素，成为人类生产活动必不可少的一部分，人类活动产生的数据量飞速增长。可以说，人类社会已经迈入一个新的时代——大数据时代。

全球知名的咨询公司麦肯锡最早提出了“大数据时代”的到来。麦肯锡称，数据已经渗透到当今每一个行业和业务职能领域，成为重要的生产因素，人们对于海量数据的挖掘和运用预示着新一波生产率的增长和消费者盈余浪潮的到来。[①] 如今，“大数据”已经成为热度最高、人们最关注的互联网技术词之一，大数据与各个传统的应用领域相结合，带来了更多的新技术和新模式，引发了新一轮创新浪潮。为了更好地对大数据进行处理加工，挖掘其更多的价值，数据仓库、数据分析、数据挖掘等相关技术被广泛应用于大数据处理与分析过程中，大数据及其相关技术已经成为各行各业重点关注和讨论的对象。大数据并不是一个新鲜的词，事实上，大数据之前在生物学、环境生态学等领域以及金融和通信等行业已经有了相当一段时间的应用，但在非相关领域的热度并不高。直到2009年，互联网行业蓬勃发展，大数据逐渐成为互联网行业和信息技术行业的热度词后，才开始更多地进入人们的视野。到了2012年，大数据一词被越来越多地提及，人们用它来描述和定义信息爆炸时代产生的海量数据，并命名与之相关的技术。如今，大数据及其相关技术受到媒体、政府以及各个领域的高度关注，无数专栏封面和新闻中也少不了大数据及其相关技术的身影，而时兴的互联网主题讲座和报告等也都愿意以它为主题。

数据正在迅速膨胀，它决定着许多传统行业的未来。早在2012年，世界上

① 卓逸诚．大数据技术在公共管理领域的应用与思考 [J]. 电脑知识与技术，2017，13（33）：7-8.

的数据量已经从太字节级别跃升到拍字节、艾字节级别，甚至泽字节级别。国际数据公司（IDC）的研究表明，2009 年的全球数据量为 0.8 泽字节，一年后这一数据增加了 0.3 泽字节，到 2011 年数据量一度攀升至 1.82 泽字节，这是一个非常庞大的数字，相当于全球每人一年产生 200 吉字节以上的数据。根据某国际权威机构的预测，到 2035 年，全球数据产生量将达到 2142 泽字节，全球数据量的规模将会出现爆发式增长。

据报道，如今互联网上的数据几乎每年增长 50%，每两年便翻一番。当然，互联网数据并非单纯指互联网上存在的数据，还包括一些信息采集设备上传的数据。全世界的各类设施设备、人们的一些可穿戴设备上有着无数用于数据采集的传感器，这些传感器能实时采集设备以及环境的各种信息，从而产生了海量的数据。

大数据作为一种新的资源和生产要素，所具有的潜在的巨大价值逐渐被人们发掘和认可。尽管当前各领域尚未全面认识到大数据时代数据迅猛增长所带来的潜在机遇与严峻挑战，但随着时间的推移，人们将日益意识到数据对各行各业的深远影响。大数据时代已经悄然到来，它正在改变商业、经济以及其他领域的决策方式。传统的基于经验和直觉的决策方法正逐渐失去其主导地位，而基于数据分析的决策方式正日益受到人们的青睐。正如哈佛大学的社会学教授加里·金所言，这是一场前所未有的革命，巨大的数据资源正推动各个领域进入量化分析的新时代，无论是学术界、商业界还是政府，都将不可避免地加入这一进程。然而，大数据及其相关技术更为重要的含义在于对大数据进行专业的处理和利用，进一步发掘大数据中蕴含的大量价值，而非仅仅收集和存储大量的数据。

从产业角度看，大数据作为一种新型产业，其实现盈利的关键就在于提高对数据的“加工能力”，通过“加工”实现数据的“增值”。当然，大数据不仅对商业领域造成了巨大影响，还在政治和社会文化以及其他传统领域带来了巨大变革。大数据相关技术让大量的数据成为新的重要生产要素，它通过技术的创新与发展以及数据的全面感知、收集、分析、共享，为人们提供了一种全新的看待世界的方法，使人们更多地基于事实与数据做出决策。这意味着社会不再仅仅依赖经验和惯性思维进行管理和运作，遵循数据的管理和运作模式将逐渐成为社会主流。

（二）大数据时代产生的影响

1. 科学研究范式转变

图灵奖得主、美国计算机科学家吉姆·格雷深刻洞察到大数据时代的来临，他提出这一变革标志着科学研究范式正式迎来了第四范式——数据驱动的科学研究范式。这一新范式继实验观测、理论推演、计算仿真之后，为人类的科学研究开辟了新的道路。第四范式的出现对现有的科学研究范式构成了挑战，是科学发现和思考方式的革命性转变。

第一范式是最古老的科学研究范式，主要记录和描述自然现象，通过实验来解决科学问题。从远古时期的钻木取火，到文艺复兴时期的物理学家伽利略·伽利雷在比萨斜塔上所做的自由落体实验，都属于第一范式。

第二范式以理论研究为主，通过演算进行归纳，总结现实中的一般规律，如经典力学中的牛顿三大定律、物理学中的相对论等。

第三范式是计算仿真范式。随着20世纪中期计算机的出现，科学家开始用计算机模拟计算的方式来解决复杂的计算问题，这种研究范式是第三范式——计算仿真范式。

第四范式的思想是把数看作现实世界中事物、现象和行为在数字空间的映射，利用数据分析方法揭示物理世界现象中蕴含的科学规律。

对科学研究的四种范式进行总结、概括的结果如表1-2所示。

表1-2 科学研究的四种范式

科学范式	开始时间	定义	举例
第一范式	几千年前	实验观察，记录自然现象	钻木取火、自由落体
第二范式	19世纪	演算、归纳一般规律	牛顿三大定律
第三范式	20世纪中期	计算机模拟计算解决复杂的计算问题	模拟实验
第四范式	21世纪	从数据分析中揭示科学规律	分析基因表达数据，发现一些致病基因

第四范式与第三范式都是通过计算机进行计算的，但二者本质不同。第三范式是先提出可能的理论，再收集数据进行计算来验证假设；而第四范式在计算之前并不知道要得到什么样的理论，是先有了数据，再基于数据分析得到知识。目前第四范式已经成为科学研究的共识，很多学科都开始向着“大数据+”研究方向发展，科学家需要把大数据当作科研的工具，基于大数据分析进行思考、设计及实施科学研究。

2. 思维变革

对于大数据的把握，更多的在于挖掘和理解数据和信息内容及信息与信息之间的关系，这个问题一直是大数据以及一些相关行业关心的重点。人类社会对数据的使用已经有相当长的一段时间了，包括一些日常进行的大量非正式观察，以及过去几年中相关行业的研究者在专业层面上用高级算法进行的量化研究等。

在大数据时代，专业的数据处理技术使得规模庞大的数据的处理迅速且高效，即使是千万级别的数据也能够在瞬间处理完毕。然而，数据量的庞大并不是大数据的重点，人们更加关注的是从大量数据中提取出有价值的信息，让数据“说话”才是大数据的核心意义。具体来讲，大数据时代的思维变革主要表现在以下几方面。

（1）让数据“说话”成为时代核心

在大数据时代，数据属于基础资源，大数据具有多元化和复杂性的特点。让数据“说话”能够深化人们对大数据思维的认知。实际上，在哲学领域，可以通过归纳演绎法寻找事物之间的规律。在大数据时代到来之前，人们通常使用随机采样的方式分析数据。在大数据时代，数据的数量、处理效率、知识挖掘等都在不断进步与发展。如何在数据的海洋中寻找到有价值的规律并让数据“说话”成为大数据时代的核心工作。

（2）因果关系向相关关系转化

大数据时代的来临使人们更加关注事物之间的相关关系。相关关系可以帮助人们理解现有现象的深刻内涵并预测未来事件发生的可能性。在多数情况下，人们不必知道事物相互影响的深刻原因，只需知道某事物会对另一事物产生影响且能够可视化其影响程度，就可以指导日常生活中的大部分决策。

（3）精确思维向容错思维转化

在大数据时代，数据分析、挖掘及处理能力不断提高。对于普通数据而言，最基本的要求就是降低错误率以保证数据的质量。在大数据时代，对大数据的收集要求是尽量获取全部数据，如此便不可避免地会纳入错误数据。为了发掘大数据背后隐藏的指导性细节，需要摒弃传统精确数据思维，发扬大数据容错思维。

（4）永久记忆向适时遗忘转化

大数据技术在人类对记忆的认识方面产生了颠覆性的变革。过往，人们不断追求记忆的持久与延长，以期能够长久保存重要的信息。大数据时代的到来为人们提供了新的可能，它使记忆得以永久保存。然而关键在于，人们不仅需要存储记忆，还需从海量的信息中筛选出有效的内容，通过精细的整理与分析提炼出有价值的结果。因此，在大数据时代，如何高效提取并记忆有效信息，同时摒弃那些冗余、无效或已过时的信息，成为人类必须面对和深思的重要议题。

3. 商业变革

大数据时代来临，人们将越来越多地从数据的角度来审视现实世界，世界由无数信息构成，蕴含着规模庞大的等待挖掘的数据，这是一种可以渗透到所有生活领域的世界观。在可以预见的将来，数字化技术将会对众多传统行业产生巨大影响。例如，数字化信息的传播将以最快的速度不断刷新人们的认知，而传统的印刷及媒体行业必将面对数字化技术带来的挑战；同时，由于数字化技术赋予了人类数据化世间万物的能力，它也推动了互联网发展的进程。

在商业领域，大数据正被用来创造新价值，可以肯定的是，经济正在渐渐开始围绕数据形成一种新的形态，很多新参与者可以从中受益，而一些资深参与者则可能会找到令人惊讶的新生机。可以说，数据是一个平台，因为数据是新产品和新商业模式的基石。

除此之外，大数据同样对企业竞争力甚至是行业结构产生了巨大影响，大数据时代的数据将会成为企业核心竞争力的重要组成部分。当然，具体的影响程度因公司而异。在更高层面上，大数据也会影响国家竞争力。从大数据的角度出发，工业化国家因为掌握了数据及大数据技术，所以仍然在全球竞争中占有优势，但这个优势很难持续。就像互联网和计算机技术一样，随着这些技术在世界范围内逐渐普及，预先掌握大数据技术并处于领先地位的优势将会逐渐被掩盖。

对于处于竞争中的无数国家和企业来说，大数据将会带来新的机遇和挑战，如果一个公司掌握了大数据，那么超越竞争对手甚至是达到使其难以超越的水平也绝非不可能完成的工作。

4. 产业升级

（1）大数据时代促进传统产业变革

在大数据时代，传统产业充分结合大数据、人工智能等先进信息技术，通过结构性调整和突破性技术的应用改造，提高生产效率、改善经营绩效，让生产重心向产品附加值高的产业领域或价值链环节转移。以数字化、网络化、智能化为重点的技术升级不断强化先进基础工艺、核心元器件、产业技术基础设施等作用的发挥，颠覆传统的生产经营方式。例如，德国在汉诺威工业博览会上正式推出的由德国国家工程院、弗劳恩霍夫协会以及一些企业联合发起的“工业 4.0”，美国的IBM公司和通用电器（GE）公司先后提出的“智慧地球”和“工业互联网”计划等，都反映出传统产业在积极拥抱大数据，追求产业转型升级。

（2）大数据时代促进新兴产业崛起

在大数据时代，相关技术的成果转化、商业化及产业化推动了一批新兴智能产业的发展。例如，大数据、人工智能、云计算、区块链、虚拟现实、元宇宙、物联网、新材料、新能源等一批新兴产业不断崛起，产业结构中技术密集型和知识密集型产业的比重持续提高。新兴产业加强关键核心技术攻关，培育出新模式、新业态和新动能，不断实现高质量发展。以数字化转型整体驱动生产方式、生活方式和治理方式变革，以大数据助力新兴产业发展，加速推进数字中国建设。

5. 数据安全问题引起人们注意

（1）技术滥用引发数据安全威胁

大数据时代，人工智能（AI）技术不断发展，但技术是把双刃剑，其在给人们带来便利的同时，也会给数据安全带来隐患。例如，智能化网络攻击软件能自我学习，模仿系统中用户的行为，AI 技术更能被用来左右和控制公众的认知和判断，给数据安全带来挑战。技术的缺陷也可能使人工智能系统出现安全隐患，如机器人、无人智能系统的设计与生产不当会导致运行异常等。

（2）利用区块链技术确保数据安全

区块链是按照时间顺序将数据区块以顺序相连的方式组合成的一种链式数据结构，该结构利用密码学技术保证分布式账本的不可篡改和不可伪造。具体来说，区块链技术利用块链式数据结构来验证与存储数据，利用分布式节点共识算法来生成和更新数据，利用密码学的方式保证数据传输和访问的安全，利用由自动化脚本代码组成的智能合约来编程和操作数据。在区块链上达成一致的各方能够完成交易并确保数据不被篡改。

6. 社会治理的变化

（1）促使治理模式越发完善

大数据时代的来临使得传统的国家治理手段无法高效应对日益复杂的经济社会环境，而大数据智能技术的迅猛发展又促进了治理能力的提升以及治理模式的创新。例如，在医疗卫生、公共安全、公共交通、舆论传播等领域进行数字化管理，利用医疗大数据定位致病源、传播途径和预测下一次可疑疾病暴发点；布局新基建以采集公共大数据，识别犯罪行为与追踪在逃不法分子的轨迹，能更好地保障公共安全；掌握交通大数据能为公民出行带来便利，为其进行最优路径推荐，减少交通事故；对公开社交平台产生的数据流进行文本挖掘与情绪分析以预测潜在冲突事件。

同时，大数据为社会治理带来了新的发展机遇。社会治理模式突破传统是时代进步的必然。首先，在政府的层级、部门之间加强数据流通能够给政务信息不对称困境提供可靠解决途径。政府内部产生的各类政策文件、专家报告、会议记录、行政监管的数据公开共享和政府号召下各行各业各类数据的流通利用，对数字化社会治理十分重要。政府作为社会治理的主导者，有责任变革传统社会治理方式，引领多方主体协同治理。政府可推动社会治理大数据可用不可见，融合居民的群体智慧与科技组织的新型技术方法预测未来的问题并提供可能的解决路径。其次，在大数据时代，政府能够探测更有代表性的社会议题，并持续关注大众对议题的舆论导向，使社会治理更有针对性、更亲民。在此基础上，可以建立社会治理数据案例库，积累符合中国国情的社会治理模板，为未来的社会治理提供现实依据。

（2）生产和信息交流方式以及社会治理所用规范的变革

大数据作为一把双刃剑，在为人们的生活提供便利的同时，也让保护隐私的法律手段失去了应有的效力。大数据时代的隐私保护无论是在相关技术方面还是在规章制度方面都存在一定的缺失，这是大数据时代面临的一大重要问题。同样，通过大数据进行预测，对于一些未来可能发生的事情进行筹备或者遏制，也成为相关领域争论的焦点。从某种程度上来说，大数据向人类的意志自由发起了挑战，这就使得人们在使用大数据及其相关技术的同时必须杜绝对数据的过分依赖，变革生产和信息交流方式以防人们重蹈伊卡洛斯（伊卡洛斯是希腊神话中的人物，他在使用蜡和羽毛造的翼逃离克里特岛时，因飞得太高、离太阳太近导致双翼上的蜡熔化跌落水中丧生，被埋葬在一个海岛上）的覆辙。人类不能像过分相信自己的飞行技术的飞行员，犯下由于误用数据而“落入海中”的错误。

此外，在生产和信息交流方式上的变革必然会引发社会治理所用规范的变革；同时，这些变革也会带动社会需要维护的核心价值观的转变。大数据时代由于大数据而产生的风险是前所未有的全新挑战，在原有制度的基础上添加新的制约或条件是远远不足以应对新挑战的，因此需要全新的制度规范，而不是修改原有规范的适用范围。对于涉及个人隐私或商业机密的数据处理工具，需要制定相关政策约束其权力并使其承担相应责任。同时，社会需要重新定义公正的概念，在保证人们自由权利的同时，也需相应地为享有这些权利而承担责任。

大数据相关的新领域专家和行业机构需要设计复杂的程序对大数据进行

解读，挖掘出其潜在的价值和结论，并将这些结论用于支持受到大数据影响的人们。

7. 推动教育进步

（1）推动教学优化与完善

教育的根本和核心在于教学。多年来，教育公平、因材施教、个性化教学、自主学习、科学评教等一直都是教育工作者追求的目标，但由于技术条件的限制，传统教育很难达成这些目标。不过，在信息化社会，大数据技术为这些目标的达成创造了条件。

互联网的发展推动了网络教学的普及，让缺乏优质教学资源的边远、落后地区也能获得优质课程，而且网络课程边际成本极低，中低收入家庭也能承担。因此，大数据在一定程度上促进了教育公平。

网络教学的发展让各大网络教学平台不仅积累了大量用户，还积累了海量教学数据。通过对学习者学习行为大数据进行分析，可以为学习者量身定制课程。大数据驱动的算法还可以分析每个学习者的特点，为其提供“一对一”的辅导，从而实现个性化教学。

由于网络教学突破了时间和地点的限制，配合移动互联技术，学习者可以“时时学、处处学”，实现自主学习。大数据算法可以对学习者的学习习惯和学习状态进行分析，为其提供学习建议，从而更好地辅助其自主学习。

传统的教学评价只能依靠有限且片面的静态数据，难以全面、客观地反映学生学习的全过程。基于信息技术的网络教学、智慧教学为更加科学的教学质量评价提供了可能。由于教师的备课、课堂教学、课后答疑，学生的预习、复习、上课、练习、考试等都基于信息化平台，在很多教室中也装有音频和视频采集装置，这些系统、平台和装置都可以采集、留存大量的教学过程数据。通过对这些数据进行分析，可以更加清楚地了解教学过程，从而对教学效果、教学质量进行更科学的评价。

（2）推进教育管理大数据分析

教育管理大数据分析也是教育大数据分析的一个重要分支。随着大数据分析技术在社会上其他行业的成功应用，教育管理者和教育管理部门一直期望通过大数据分析尽早发现并解决管理中的问题，提高管理水平，提升服务质量。

在我国的教育管理工作中，存在管理机制僵化、管理效率低、管理不科学、管得太多等问题。在全国教育系统推行“放管服”的大背景下，如何转变教育管理职能、提高管理效率、提升服务水平、提高师生满意度是教育系统管理部门面临的迫切问题。在大数据时代，这些问题有望得到有效解决。

针对教育系统管理体系效率低的问题，可以通过信息技术手段对网上办事大厅、办公自动化（OA）系统以及各部门的业务管理系统中的各类数据进行大数据分析，找出影响流程正常推进、降低办事效率的关键节点和岗位，并分析其原因，从而制订相应的改进方案。

此外，大数据分析也可以帮助学校进行学科建设经费投入/产出分析和科研经费投入/产出分析。无论是学科建设经费投入还是科研经费支持，本质上都是学校的一种“投资”，但与企业不同，这种“投资”的产出主要不是以资金收入来衡量的，而主要以科研成果的质量和数量、人才培养的数量和质量、学术团队的数量和质量以及其他各种评价指标为衡量标准。通过大数据分析，还可以对其他学校的相似和相近学科进行分析，结合本校历史数据，进行综合研判，从而在学科建设和科研经费投入等方面为决策提供辅助。

同时，大数据分析也可以帮助学校进行更科学的校园管理。校园是一个小社会，也是一个相对独立的系统，涉及后勤服务、资产管理、安防、信息化建设、图书馆服务等大量的支持性和保障性工作，学校每年都要花费大量的资金用于各类设施的维护和更新。建设各类业务管理系统、物联网管理平台、地理信息系统（GIS）等，采集相关数据，借助大数据分析，可以更加精准地进行设备维护和更新决策，解决关键问题和重点问题，提高师生满意度。

（三）大数据时代面临的挑战

随着大数据蕴含的社会价值、经济价值、科学研究价值被不断挖掘出来，世界各国的政府、学术界等也在不断加大对大数据研究和分析应用的投入，使大数据战略地位逐渐从普通的商业行为提升至国家科技战略层次。然而，作为一个新兴领域，大数据在带来巨大机遇的同时，也面临着诸多复杂而艰巨的挑战。

大数据有着诸多与传统数据迥然不同的特征，如规模巨大、多源异构、动态增长等，但是与传统数据类似，大数据的处理也包括采集、存储、处理和传输等技术的实现步骤。这使得大数据在底层的数据采集、存储和上层的数据分析、可视化等方面都面临着一系列新的挑战。下面将通过大数据处理过程中的采集、存储、分析以及隐私四个方面的内容具体说明大数据时代面临的主要挑战。

1. 大数据采集方面面临的挑战

数据采集是数据分析、二次开发利用的基础，但是由于大数据的数据来源错综复杂、种类繁多且规模巨大，而这些有别于传统数据的特点使得传统的数据采集技术无法适应大数据的采集工作，所以大数据采集一直是大数据研究发展面临的巨大挑战之一。大数据采集面临的问题主要集中在以下三个方面。

（1）数据质量参差不齐

大数据的数据源分布广泛、错综复杂，这导致了数据质量的参差不齐。在互联网、物联网以及社交网络技术发达的今天，每时每刻都有海量的数据产生，数据来源由原来比较单一的服务器或个人计算机终端逐渐扩展到包括手机、全球定位系统（GPS）、传感器等在内的各种移动终端。面对错综复杂的数据源，如何准确采集、筛选出需要的数据是提高数据采集效率以及降低数据采集成本的关键。

（2）数据异构性

数据异构性也是数据采集面临的主要问题之一。由于大数据的数据源多样，分布广泛，同时存在于各种类型的系统中，所以数据的种类繁多，异构性较高。虽然传统的数据采集也会面临数据异构性的问题，但是大数据时代的数据异构性显然更加复杂，如数据类型从以结构化为主转向结构化、半结构化、非结构化三者的融合。据不完全统计，目前采集到的数据中，非结构化数据和半结构化数据占 85% 以上。

（3）数据的不完备性

数据的不完备性主要是指在大数据采集过程中无法采集到完整的数据，而导致这个问题的主要原因则是数据的开放共享程度较低。数据的融合和开放一直是充分挖掘大数据潜在价值的基石，数据孤岛的存在会大大降低大数据的价值。数据的不完备性在降低数据价值的同时也给数据采集带来了一定的困难。

2. 大数据存储方面面临的挑战

数据规模庞大和数据种类多样是大数据的两大基本特征，而这两大特征的存在使大数据对数据存储也有了新的技术要求。如何实现高效率、低成本的数据存储是大数据在存储方面面临的一个难题。

大数据的数据规模庞大，需要消耗大量的存储空间资源。虽然存储成本一直在下降，但是全球的数据规模也出现了爆炸式的增长，所以大数据在数据存储方面面临的挑战依然不小。大数据在数据存储方面还面临的一个挑战就是存储性能问题。由于大数据的数据种类多样、异构程度高，应用传统的数据存储技术无法高效存储和处理这些复杂的数据，给数据的集成和整合带来困难，因此需要设计合理高效的存储系统来对大数据的数据集进行存储。同时，大数据对实时性的要求较高，数据集本身的规模又十分庞大，所以对于存储设备的实时性和吞吐率同样有着较高的要求。

3. 大数据分析方面面临的挑战

大数据的数据集本身可能不具备明显的意义，只有将各类数据集整合关联后，对其进一步分析，最终才能从这些无用的数据集中获得有价值的数据结论。数据集规模越大，数据集中包含有价值数据的可能性就越大，但是数据中的干扰因素也就越多，分析提取有价值数据的难度也就越大。因此，大数据分析过程面临着诸多挑战。

传统的数据分析模式侧重于结构化数据的处理，但随着大数据时代的来临，数据的异构性显著增强，涵盖了结构化、半结构化和非结构化数据，且后两者在大数据集中占据的份额日益增加，这无疑给传统分析技术带来了前所未有的挑战。为了应对这一挑战，以海杜普（Hadoop）等为代表的非关系型数据分析技术应运而生，它们擅长处理非结构化数据，且操作简便，已成为大数据分析领域的主流选择。尽管这些技术拥有诸多优点，但在应用性能和效率方面仍有待提升，因此，大数据分析技术的研究与发展仍需持续深入。在很多应用场景中，数据中蕴含的价值往往会随着时间的流逝而衰减，所以数据处理的实时性也成为大数据分析面临的另一个难题。

目前，大数据实时处理方面已经有部分相关的研究成果，但是仍不具备通用性，在不同的实际应用中往往需要根据具体的业务需求进行调整和改造，因此目前大数据的实时处理面临着数据实时处理模式选择和改进的问题。大数据分析技术和传统数据挖掘技术的最大区别主要体现在对数据的处理速度上，大数据的秒级定律就是最好的体现，但大数据的数据规模往往十分庞大，因此大数据分析处理速度面临的挑战也不小。

4. 大数据隐私方面面临的挑战

在信息化时代，数据隐私问题一直受到人们的广泛关注。随着大数据时代的到来，越来越多的个人隐私以数据化的形式存在于互联网当中，数据隐私问题也更加突出了。在一般情况下，人们往往会有意识地保护自己的个人隐私，但是在信息化时代，人们难免在各种不同的场所留下数据足迹。虽然在一般情况下，这些数据可能不会泄露个人的隐私信息，但是如果将所有个人数据足迹采集整合起来，然后进行大数据分析，就很可能从中挖掘出相应的个人隐私信息，而这种隐性的数据暴露往往是不可控的。

在大数据时代，数据隐私问题主要体现在两个方面：一方面，物联网和传感器技术的发展使个人的习惯、兴趣等隐私信息容易在没有察觉的情况下暴露出来，甚至被他人获取；另一方面，个人隐私数据在授权情况下的存储、传输和使用过程也存在泄露的风险，一些看似简单且不相关的信息经过大数据分析后，也可能被挖掘出个人隐私。所以说，大数据时代的隐私保护也成为大数据技术面临的挑战之一。

大数据在隐私保护方面的另一个重要挑战就是数据开放与隐私保护的平衡。大数据通过研究数据的相关性来发现客观规律，而这些都依赖于数据的广泛性和真实性。因此，数据的开放和共享对大数据的研究和分析应用而言是必不可少的。数据的开放和共享可以让政府从数据中了解和把握国民经济的发展状况，以便进行决策和指导；企业则可以从用户开放数据中了解客户的行为特点，精准营销，在优化用户体验的同时提高收益；研究机构可以将公开的数据应用于相应的领域，进行更加深入全面的研究。然而，不可避免的是，数据的开放和共享往往会造成隐私数据的泄露。因此，如何在促进数据充分开放、共享和应用的同时有效保护隐私数据成为大数据时代必须面临的重要挑战。

第二节　思想政治与思想政治教育

一、思想政治

思想政治包括思想和政治两方面内容。

（一）思想

广义的思想是指人们思维活动的产物，是“客观存在反映在人的意识中经过思维活动而产生的结果”（《现代汉语词典》）。这是一个十分宽泛的定义，几乎人类的一切思维活动都可以包含在内。狭义的思想指的是人们对各种自然、社会及思维现象进行思考、研究、评价后得出的结论。思想更加重视创造性，好的思想成果应该能够在现有基础上提出新理论、新观念、新方法、新主张。

（二）政治

政治作为上层建筑的核心，其基础在于经济，并作为经济的集中表现。它涵盖了以国家权力为轴心的一系列社会活动和社会关系的总和。政治本质上是上层建筑领域中不同权力主体在特定历史阶段为维护自身利益所采取的行动，以及由此形成的一系列复杂关系。这种社会现象是人类历史发展到一定阶段的必然产物，对于社会的稳定与发展具有深远影响。

政治作为社会的核心现象和上层建筑的关键部分，总是直接或间接地与国家相互交织。政治的本质在于它与各种权力主体的利益息息相关，这些主体在追求和维护自身利益的过程中，不可避免地会产生各种性质和不同程度的冲突。这种冲突正是政治斗争的本质所在，它始终围绕着利益这一核心展开。政治对社会生活的各个层面都产生着深远的影响，它随着社会从简单到复杂的进程而不断发展。与此同时，社会成员参与政治生活的深度也在逐步加深，反映出政治生活的日益活跃和民主化。在政治领域中，权力主体为了维护自身利益，会做出各种形式的行为，主要包括两方面内容：以国家权力为后盾的各种支配行为，如统治、管理和领导等；对国家权力进行制约的各种反支配行为，如参与和斗争等。这些行为的共同特点是以利益为导向，并带有不同程度的强制性、支配性和斗争性。

二、思想政治教育

（一）思想政治教育的内涵

思想政治教育是社会或社会团体利用一定的思想观念、政治观点和道德规范，对其成员施加有目的的、有计划的、有组织的影响，使他们形成符合一定社会或一定阶级所需要的思想品德的社会实践活动。思想政治教育是一个对受教育者进行思想灌输和引领，使其形成正确认知、激发内在情感、确立正向价值、指导实践运行的过程。

在学校的思想政治教育中，作为教育的实施主体，教师的作用尤其重要。他们通过积极引导，让学生实现明理、悟道、笃行层级式的跃迁，帮助学生解决思想问题，让他们不再是停留在认知阶段，而是从心底深处自发认同，并据此做出反应，实现最终目标。很明显，思想政治教育的目的就在于把握好认知、情感、意图、行为四个方面，指导学生通过知识学习、品行培养、意志磨炼、实践行动将所学理论知识转化为为人处事的智慧，继而提高自身的道德品质。

此外，思想政治教育是中国共产党在长期的革命、建设、改革中积累的宝贵经验，是党的思想政治工作的优良传统。回顾党的发展历程，可以清楚地认识到，在中国共产党的历史上，思想政治教育工作一直占据极其重要的地位，每一次前进都离不开思想政治教育。从站起来到富起来再到强起来，中国的发展是靠伟大的实践一步一步进行的，伟大实践的成功始终离不开马克思列宁主义、毛泽东思想、邓小平理论、“三个代表”重要思想、科学发展观、习近平新时代中国特色社会主义思想的武装。

（二）思想政治教育的主要特点

思想政治教育至少具有导向性、群众性、渗透性、综合性四个方面的特点。

1. 导向性

思想政治教育以其对主流意识形态的坚定主导和深度灌输为核心，从而确立了其鲜明的导向性。这一导向性具体表现在坚守马克思列宁主义、毛泽东思想以及中国特色社会主义理论体系，坚定不移地沿着中国特色社会主义道路前行，并矢志不渝地追求中国特色社会主义共同理想和共产主义远大理想中。这些坚守和追求共同构成了思想政治教育不可动摇的基石和方向。

2. 群众性

思想政治教育覆盖对象广泛，包括全体社会成员。我国正处于社会主义初级阶段，要实现中华民族伟大复兴、中国特色社会主义共同理想，就必须充分调动人民群众的积极性，对他们展开思想政治教育。

3. 渗透性

思想政治教育不仅是学校教师对学生的教育，还包括社会中各个领域的教育。思想政治教育面向社会各界，涉及各种社会群体和各个年龄段的人群，在日常生活中更能反映人们的思想政治教育状况。教师、学生以及家庭和社会成员均是思想政治教育的主体，应在细微之处对其进行思想政治教育。

4. 综合性

首先，思想政治教育所追求的目标展现出了其综合性的特质，这主要体现在社会主义核心价值观上，它涵盖了国家、社会和公民三个层面的目标。其次，思想政治教育的内容也具备综合性，其内容体系丰富多样，包括科学世界观教育、人生价值观教育和心理健康教育等各个方面。最后，思想政治教育的方法同样呈现出综合性，教师采用灵活多样的方法对学生进行思想政治教育，以适应不同学生的学习需求。

（三）思想政治教育的目标及其分类

一般说来，目标是一个集合概念。在思想政治教育中，其目标作为一个集合概念，实际上是一个层次分明的目标系统。这个系统包含多层级子系统，它们代表了不同等级、不同大小的目标类型。具体而言，这些目标因所处空间的不同，可被划分为总体目标和具体目标；在时间维度上，可分为长期目标、中期目标和近期目标；针对教育对象的不同，有社会目标、群体目标和个体目标之分；针对问题性质的差异，有人格塑造目标和解决实际问题的即时目标之分；等等。在所有这些多样化的目标类型中，较为长期的社会目标和人格塑造目标被视为会对其他各类目标产生影响的根本目标。能否科学地设置这两大根本目标对全社会思想政治教育的成败具有决定性意义。鉴于此，在诸多目标类型中，下面将着重探讨同社会目标和人格塑造目标相关的两种目标类型。

1. 社会目标、群体目标与个体目标

社会目标、群体目标与个体目标是依据思想政治教育对象而划分出来的目标类型。

（1）社会目标

社会目标即在一个民主国家中，全社会通过思想政治教育所力求达成的宏伟目标[①]。其中强调中国特色社会主义共同理想对构建和谐社会、实现中华民族伟大复兴具有重大而深远的意义，并且明确将中国特色社会主义共同理想纳入社会主义核心价值体系，同时具体阐述其内容，即追求国家富强、政治民主、社会文明和人民和谐。这种理想信念是国家不断发展和民族持续振兴的不竭动力源泉。

中国特色社会主义共同理想是中华民族在近现代为挽救国家危亡、实现民族复兴的历史征程中形成的共同追求。中国梦作为这一共同理想在新阶段的最新体现，是中国特色社会主义共同理想的继承与发展，能够有效引领全体社会成员的共同价值追求和目标。

（2）群体目标

群体目标是指由一些存在相同或相似特征的个体结成的社会群体的思想政治教育要达成的目标。划分社会群体的特征要素包括职业、年龄、爱好、性别、收入、居住地、家庭条件、身体状况等。不同社会群体的社会地位、生存情况、理想追求以及对社会的价值判断存在很大不同，必然会在政治观念与思想道德方面出现种种问题，因此思想政治教育要从不同群体的实际问题出发，为其确立属于群体自身的群体目标。例如，常抓不懈的职业道德教育、青少年道德教育、官员道德教育等想要取得实实在在的成效，就必须根据群体的实际情况设计出科学、合理的思想政治教育群体目标。

① 夏江敬，汪勤．浅析优良家风家训中思想政治教育的意蕴 [J]. 理论月刊，2017（11）：127-131.

（3）个体目标

个体目标即社会成员个体思想政治教育的目标。个体目标有在特定时期或者面对特定问题时为了解决实际问题所定下的思想政治教育的即时目标，也有由家庭、学校和社会对个体进行培养教育要达成的人格目标。个体目标与社会目标、群体目标相比，具有极强的个性化特征。因此要按照马克思主义哲学阐明的“一把钥匙开一把锁”“具体情况具体分析”等工作方法和思想方法，确立合理的个体目标。

那么，上述三种目标之间有着怎样的关系？它们相互之间是否有所关联？可以从马克思主义哲学当中人的本质的理论与个人和社会关系的理论中看出，三者之间有着相互转化、相辅相成的辩证统一关系。例如，社会目标指导个体目标，并以个体目标为基础；个体目标只有在正确的社会目标指引下，才能避免迷失方向，才能确保自身目标的实现；社会目标要想实现，就必须依靠个体目标的积累，否则就流于空谈。如果无法实现社会目标与个体目标的辩证统一，思想政治教育就可能走向失败。群体目标和个体目标、社会目标和群体目标之间的关系也大体如此。

因此，科学的思想政治教育不但要确立社会目标，提高社会的文明程度，促进社会进步，而且要确立相应的群体目标和个体目标，推动各个社会群体文明水平的提高，提高个体教育对象的人格修养和综合能力。

2. 人格目标与即时目标

人格目标与即时目标均属于个体目标的细分领域，其划分依据在于对个体进行思想政治教育时所关注的问题的本质。具体来说，当教育者将教育重点放在塑造和提升受教育者的人格品质上，如培养其道德观念、心理素质等方面时，此时的教育目标便被称为人格塑造目标或人格目标；而若教育者旨在通过思想政治教育帮助受教育者解决他们当前面临的实际问题，如纠正其思想观念、提高其思想水平等，这样的教育目标则被称为即时目标。人格目标是思想政治教育带有长期性、根本性和终极性的个体目标，而即时目标则是思想政治教育带有迫切性、经常性和反复性的个体目标。人格目标对即时目标而言具有指导性和目的性，而即时目标则是实现人格目标的基础和手段。如果说人格目标是结果，那么无数即时目标的累积则是获得这一结果的必经过程。因此，人格目标和即时目标是相辅相成、不可分离的辩证统一关系，对其中任何一个目标的忽视都必然导致思想政治教育的失败。很难设想，仅仅埋头于日常琐碎思想问题的解决而忘记人格培养的大方向，或者仅仅热衷于高尚人格的说教而不解决具体问题的思想政治教育，会是成功的思想政治教育。

无论是在外国现代教育史中，还是在中国现代教育史中，道德都是最核心的组成部分，而思想政治教育的最高目标，也是道德教育的目的，就是塑造个体真善美的人格。事实上，思想政治教育中的所有个体目标都是以个体思想品德结构为基础而建立的，都反映着个体人格结构与思想品德发展的需求。因此，个体的人格目标是思想政治教育目标体系里最核心的存在。如果思想政治教育取消了个体人格目标，也就不再是真正意义上的思想政治教育了。

所谓人格，通俗地说，就是人之为人的“资格”“格准”，是人区别于非人的根本特质，如人的权利、人的尊严、人的理性、人的情操、人的道德感、人的进取心等。“富贵不能淫，贫贱不能移，威武不能屈”，2000 多年前孟子的这句话之所以成为千古流传的人生箴言，之所以至今仍是中国人的人格目标，不就是因为它真切地反映了中华民族的人格追求吗？以上所说大体上属于中国传统伦理学特别强调的“道德人格”范畴。现代西方的人格理论认为，人格是自我、本我、超我的统一，是性格、气质、能力的汇总，是社会角色、身份和主体的同构。因此，对于现代的人格概念，除了伦理学这一研究角度外，人们还从心理学、法学、社会学、人类学等学科角度去研究分析，关注人的心理人格、法律人格的健全。心理人格侧重于对人的生存、发展的心理需要和精神活动的描述，强调每个人对个体本质的自我实现；而法律人格则把人置于法律关系中去理解，强调人作为法定的权利义务之行为主体的公民身份。总之，人格概念所描述的是现实的有特色的个体经由社会化所获得的、具有内在统一性和相对稳定性的特质结构，是人的思想品德、心理状态和社会行为的综合反映。如前所述，个体人格（包括道德人格、心理人格和法律人格等）的提升和完善是思想政治教育一切个体目标的核心。

从道德成长的一般规律中可以看出，所有人都需要经历一个独特的渐进过程来完善自身的人格，没有人能一蹴而就。当人处在不同的身心发展阶段时，必然会有着与其他阶段不同的人格需求，因此在设置人格目标时也要根据个体的情况，因地制宜、因时制宜，以个人的思想实际为出发点。一个可行、合适的人格目标应该可以将现实与个人的理想进行恰当的统一，让学生始终处在一种努力过后可以取得成果的状态中，如此一来就可以不断提升其目标，让学生的人格逐渐完善。

要想实现人格目标，就需要个体逐渐完成一个个即时目标。“万事如意”“心想事成”是很多人喜欢用的祝福语，但是这在人们的实际生活中很难实现，事实上，人们的生活中更多的是挫折和困难。因此，思想政治教育工作者需主动关心陷入困境当中的人们，要为其创造思想上的条件，助其脱离难关，继续前进。当人们达成一个为了解决实际与思想问题所设立的即时目标时，人格目标教育的诱导力与说服力必然会变得更强，受教育者的道德水平也会随之提升。实践表明，人们正是在实现思想政治教育即时目标的过程中，不断地趋近于思想政治教育的最终目标，从而促进自身全面发展和社会进步。

（四）思想政治教育的理论基础

以思想政治教育学为指导的思想政治教育，既是理论科学也是应用科学，其政治性、理论性、实践性、操作性都很强，既涉及基本理论、基本任务、基本规律、实现目标、实施环境，也涉及教育内容、教育方法、教育原则、教育艺术、教育管理，需要多学科理论和知识作为支撑。把握思想政治教育必须以一定的教育学、心理学、社会学、伦理学、政治学、管理学、美学、行为科学等相关领域的理论为基础。

1. 教育学与心理学

（1）教育学

教育学是研究教育现象、揭示教育客观规律的科学。马克思主义教育学深入探索的核心问题是如何精心培育出具备德智体美全面发展特质的社会主义新一代人才。在这一宏大目标下，思想政治教育学则专注于探讨如何确保所培养的人的思想政治素质达到高标准。[①] 鉴于教育活动与思想政治教育活动均蕴含教育的本质属性，教育学所揭示的普遍原理和基本方法在思想政治教育实践中同样具有较高的指导价值。

教育学的一般原理是研究如何教育人、培养人，揭示教育同人的发展、同社会的发展之间的关系。人的全面发展涵盖了道德、智慧、体魄、审美和劳动等多个方面。为了实现这一目标，教育者必须深入理解和尊重不同年龄段、不同环境背景下个体的独有特点和成长规律，从而灵活运用多样化的教育方法和教育手段。这种因材施教的教育理念旨在使个体能够更好地适应社会的需求，并为社会的进步和发展作出贡献。在这点上，教育学与思想政治教育学是高度契合的。教育学强调个体在发展过程中需要注重理论与实践的结合。

随着社会的不断进步，教育学愈发强调在传授知识的同时需发展受教育者的能力、素质。在这一趋势的推动下，思想政治教育学也积极响应，将发展受教育者的能力置于教育的重要位置。启发诱导和正面教育作为教育学的核心原则，强

① 张俊善. 思想政治教育学与邻近学科的关系 [J]. 考试周刊，2013（49）：115.

调通过深入、细致的正面引导，帮助受教育者明辨是非，提升思想认识水平。这一原则同样在思想政治教育学中发挥着重要作用。这是因为思想政治教育中也要“循循善诱”，通过耐心细致的正面教育，启发人们的思想觉悟，调动人们的积极性。

（2）心理学

心理学是研究人的心理活动发生、发展及其变化规律的科学，思想政治教育学是研究人的思想和行为形成、发展、变化规律的科学，两者的共同之处是都研究人的精神领域。在思想政治教育过程中，只有掌握了人的心理产生、发展及变化规律，才能有针对性地开展工作，才能实现“转变”“调节”“凝聚”“激励”的功能。心理学的研究对象可分为心理过程和个性心理特征两个方面。

心理过程是一个复杂而统一的体系，它由认识过程、情感过程和意志过程三个核心部分构成。这三个部分相互交织、相互影响、相互渗透，共同塑造了个体的心理世界。在实施思想政治教育时，必须深入理解和遵循心理过程的客观规律，循序渐进地开展工作。这意味着要细致研究受教育者的知识获取、情感发展、意志塑造以及行为表现这四个方面的统一发展过程，从而制定出科学、合理的工作程序和方法。同时，也需要认识到，尽管人们共享一些共同的心理活动规律，但每个人的个性心理特征却各不相同。

所谓个性心理特征是指人的气质、性格、能力等。不同的人气质有所不同，性格各有差异，能力高低也不尽相同。在思想政治教育中，只有针对不同人的个性心理特征采取不同的思想政治教育方法，才能取得良好的效果。与此同时，心理学关于需要、动机、行为的理论，对思想政治教育学也有借鉴意义。

马克思主义经典作家指出，产生人的行为的心理原因，不是人的思想，而是人的需要。人的活动是由需要引起的，进而形成动机，动机支配行为。因此，思想政治教育学中就必须研究产生某种思想的客观条件，研究人的需要，一方面通过满足合理的需要来激发人们的积极性，另一方面通过教育培养人们的理想、信仰、道德品质，以调节暂时还不能满足需要的心理。可见，吸收心理学的研究成果、掌握人的心理特征的运动规律，是使思想政治教育理论进一步科学化所必需的。①

2. 社会学与伦理学

（1）社会学

社会学是关于社会整体结构及其运行和调适规律性的科学，其研究领域涉及

① 孙淑丽．思想政治工作创新是一门科学[J]．理论学习，2003（7）：36-37.

社会生活的各方面，不仅研究社会的构成、要素、社会规范、社会运行和社会调适，而且还特别关注社会的现实问题以及解决这些问题的办法，如人口、青年、妇女、劳动就业、婚姻家庭、自然环境、生态平衡等问题以及经济制度、政治制度、法律制度、文化制度等问题。这种种问题都对人的思想、情绪、积极性产生了重大影响。这些都是社会学研究的问题，也是思想政治教育中必须加以了解和把握的问题。社会学的研究方法主要是深入实际，进行社会调查，并通过理论分析提出解决问题的方法，这也可以为思想政治教育学所借鉴。

社会学研究人的社会性，是从社会整体出发研究人的社会关系和社会行为，而人的思想政治状况与人的社会关系和社会行为又是分不开的。因此，思想政治教育学也必须研究人的社会性。

思想政治教育学与社会学就是以人的社会性为纽带有机地联系着。同时，社会学揭示社会现象和社会过程的客观规律性，预测社会发展趋势。掌握社会学知识可以使思想政治教育工作者掌握现实社会关系和预测未来，也可以使受教育者正确认识自己在社会中的地位，从社会角度要求自己，主动适应社会需要，提高遵守社会规范的自觉性。社会学的重要特点是它的现实性，即它把研究重点放在当代的现实社会，这对思想政治教育学而言是很有意义的。

思想政治教育学是实践性、应用性很强的学科。随着改革开放的深化，随着社会主义市场经济体制的建立和完善，我国的社会生活和社会结构发生了许多深刻的变化，相应地出现了许多社会矛盾和社会问题。这些矛盾和问题反映到人们头脑中，就产生相应的思想问题。思想政治教育工作者要解决这些现实的思想问题，就应该利用社会学的基本知识和基本观点认识社会，观察社会生活，了解生活在其中的社会群体，寻找产生这些思想问题的社会原因，从而找到解决人们思想问题的途径，有针对性地开展工作。

（2）伦理学

伦理学是探讨道德起源、本质、关系及其演变规律的学科，它与思想政治教育学紧密相关。马克思主义伦理学特别注重剖析社会主义和共产主义道德的形成与发展机制，详细阐述了其基本原则和道德规范，为个体树立正确的人生观、道德观以及行为观提供了指导。更重要的是，马克思主义伦理学从思想品德的角度出发，揭示了培养共产主义接班人的客观规律。因此，伦理学与思想政治教育学之间存在广泛的交叉领域，它们是相互渗透的。

思想政治教育学应充分利用伦理学的研究成果，深入剖析人们道德思想和行为的发展轨迹及演变规律，并据此制订出更加科学、合理的思想教育方式和方法。

伦理学中所阐述的道德活动和思想政治教育过程紧密相连，共同作用于个体的道德成长。道德教育是道德活动的核心环节，它将道德判断作为前提，通过一系列的教育过程引导个体提升道德修养，塑造良好的道德品格。

思想政治教育过程在某种意义上说也是这样一个道德活动过程。思想政治教育中包含着大量的道德教育问题，认真、细致、耐心的思想政治教育对培养人们的共产主义道德品质有很大的影响。

3. 政治学与管理学

（1）政治学

政治学是关于社会公共政治权力形成与发展规律的科学，其核心问题是国家政权问题。思想政治教育学则着重从意识形态角度研究政治斗争规律，为社会主义国家政权服务。

政治学与思想政治教育学之间的关系相当密切。政治学所阐明的根本问题，特别是以国家问题为中心的政党、法律、政治活动、政治思想等，对人的思想、立场影响很大，制约着人们思想行为的发展。运用政治学原理研究政治斗争特别是意识形态领域斗争的特点和规律，对发展思想政治教育学是大有益处的。

思想政治教育的目的就是帮助人们提高政治觉悟。政治觉悟是人的觉悟的核心。是否把坚定正确的政治方向放在首位是衡量一个人政治觉悟高低的标准。在现阶段，四项基本原则是立国之本，是否坚持四项基本原则是政治立场问题，也是衡量一个人的政治觉悟、政治态度的评价标准。思想政治教育学运用政治学原理可以使人们充分认识在政治生活中坚持四项基本原则的必要性和重要性，激发广大人民群众当家做主人的政治热情和历史责任感。

（2）管理学

现代管理十分注重对人的行为的动态管理。重视人们的行为约束和行为管理，以及培养人们良好的行为习惯，成为管理学的重要任务。人的行为总是受到自身思想意识的支配，人的主观能动性的正常发挥在社会生产与生活中起着至关重要的作用，但单纯地依赖行政手段往往难以取得预期效果。因此，现代管理实践逐渐认识到思想政治教育的重要性，两者之间的关系也日益紧密。一方面，管理学在追求最佳管理效果的过程中，需要借助思想政治教育学的理念和方法；另一方面，思想政治教育学也要借助管理学的实践经验和科学方法，以实现其教育目标的有效性和自身管理的科学化。

随着管理学与思想政治教育学的不断融合和发展，一个新兴的交叉学科——思想政治教育管理学应运而生。这是一门指导思想政治教育管理实践活动的应用性科学，研究对象是思想政治教育管理实践活动的特点及其发展变化的规律。其中，组织和协调个人与他人的思想行为活动以及形成人们的社会主义、共产主义思想行为活动规律是研究的重点，因为它是衡量人们的思想行为是否沿着正确轨道发展的关键。

4. 美学与行为科学

（1）美学

美学是研究人对现实审美关系的一门科学。美学的基本内容是研究美的本质、美的形态、审美意识、审美过程等。美学的基本任务是培养人们健康、高尚的审美观点、审美情操、审美趣味以及对自然美、艺术美、社会美的鉴别能力、欣赏能力、创造能力。美学与思想政治教育学关系也较为密切。思想政治教育中运用美育的手段更容易取得积极的效果。美育以美感人、以情动人，起到潜移默化的作用。美育通过美的中介作用能促进人的全面发展。

人们之所以重视并努力追求崇高的理想、高尚的道德，是因为其中贯穿着高尚的审美情操。可见，美的情操能帮助人们培养崇高理想和社会主义、共产主义道德品质，树立正确的人生观。运用美学原理进行思想政治教育可以采取多种生动活泼的形式。例如：利用壮丽山川、名胜古迹等自然美进行爱国主义教育；利用音乐、舞蹈、绘画等艺术美进行情感教育；利用革命英雄、先进模范人物等社会美进行社会主义、共产主义教育等。

（2）行为科学

行为科学是研究人的行为的科学。马克思主义关于人的行为问题的理论是极其丰富的。例如，马克思和恩格斯从不同方面揭示了人的行为的基本特征，从而深刻地阐述了人的行为的本质。这些特征有社会性、目的性、能动性、变革性、交往性。又比如，马克思主义关于人的需要问题的理论认为，只有坚持用人的需要来解释人的各种不同的行为，才能得出正确的答案，才能坚持唯物主义的思想。

马克思主义经典作家对于人的需要有着深刻而全面的理解。他们认为，人的需要具有多重特性：首先，人的需要是无限的，涵盖了生活的各个方面；其次，这些需要是客观存在的，基于人的实际生存状态；再次，人的需要具有社会性，它们是在社会关系中形成和发展的；最后，人的需要还体现了创造性和层次性。基于这些认识，恩格斯进一步从人类所需资源的角度出发，将人的需要明确地划分为三个不同的层次：生存需要、享受需要和发展需要。此外，马克思主义还提供了研究人的行为问题的基本原则，即全面具体性原则、发展变化性原则、能动实践性原则、对立互补性原则、社会存在决定社会意识原则等。可见，马克思主义行为科学理论对深刻把握人的思想与行为变化规律有着重大意义。

第三节 大数据与高校思想政治教育的关系

一、大数据影响高校思想政治教育的内容

高校思想政治教育实践强调以理服人。这不仅意味着需要将科学理论讲得清晰透彻，还要运用科学的论据来展示这些理论在指导人们行为时的实际价值，正如马克思所强调的，人应该在实践中证明自己思维的真理性。

大数据时代的到来可以为高校思想政治教育注入新的活力。它可以提供前所未有的新颖观点、丰富案例和宝贵经验。传统的高校思想政治教育课堂受限于其固有的教学模式，导致学生在信息获取上受到极大限制。有些思想政治课教师试图通过更具吸引力的教学模式来激发学生的学习兴趣，但往往因为无法有效激发学生的自主学习热情而难以取得理想效果，那么要求他们做好课后深入研究就更难了。然而，在大数据时代，学生可以通过各种渠道获取到海量的信息资源，微信、微博等网络媒介已成为他们获取信息的重要平台。这些平台上的高校思想政治教育内容不仅丰富多样，而且时效性更强。

此外，大数据与高校思想政治教育的结合能够更加凸显“以人文本”的教育理念。在这个时代，学生更倾向于通过互联网进行实时互动，表达自己的观点和看法。大数据背景下的高校思想政治教育应充分利用这一特点，将课外教育作为提高教育效果的重要一环。学生可以通过搜索引擎自主查找感兴趣的话题，而教师则可以根据学生的关注点在课堂上展开深入讨论，引导学生深入思考、发表见解。高校思想政治教育的内容并不再局限于教材上的理论，而是与现实生活紧密相连，使学生能够更好地理解所学知识并应用这些知识去分析和解决问题。

二、大数据作用于高校思想政治教育的过程

每一名学生都是独一无二的。由于家庭、教育、社会等多维度因素的交织影响，他们的个性、认知深度和道德观念均展现出多样化的特征。为了适应这种多样性，教师在制定教育策略和内容时，要充分考虑学生之间的个体差异以及不同群体的具体需求。在这个过程中，大数据成为一个强有力的辅助工具，它能帮助教师更精准地指导教育过程。

高校思想政治教育在教学过程中强调对学生自主学习动机的激发，促使学生在吸收知识的同时也要对现实社会进行深入的反思。大数据在高校思想政治教育中的应用可以为教师提供巨大的助力。通过视频、文字、图片等多样化的资料，教师能够引导学生关注并深入探讨高校思想政治教育中的重大议题，并通过开放性的讨论形式鼓励学生发表个人观点，让他们在自主探究中领会相关话题的政治深意。

互联网作为信息时代的产物，可以为高校思想政治教育提供广阔的平台。这种无形教育的方式以其灵活性和互动性深受当代思维活跃的学生的喜爱。利用大数据平台，教师可以轻松地了解学生关注的时政热点和在学习过程中遇到的困难。在准备教案时，教师可以通过与学生的交流互动，有针对性地解答他们关心的问题；同时，利用网上作业的形式，教师还能深入调研学生最关心的理论问题。因此，大数据在高校思想政治教育中扮演着举足轻重的角色，它能够贯穿整个教学过程，帮助教师从全局角度把握教育方向。

三、大数据关系到高校思想政治教育的效果

传统的高校思想政治教育在运用大数据信息方面显得较为保守，教育工作者往往更加侧重对整体教育效果的把控。然而，随着互联网的迅猛发展和科技的不断革新，大数据技术为高校思想政治教育工作者提供了一个强有力的工具，帮助实现对高校思想政治教育实际效果的有效评估。

值得一提的是，通过收集和分析个别学生的数据，能够精确掌握个体的思想状况，这在传统的高校思想政治教育模式下是难以想象的。然而，需要注意的是，并非所有的数据信息都能直接对高校思想政治教育效果产生显著影响。大数据的一个重要特性是其价值密度相对较低，这意味着真正有价值的信息需要被精心挖掘和提炼。尽管如此，高校思想政治教育工作者仍然可以利用已收集的学生数据来对学生行为动机进行合理预测，并通过分析数据间的相关关系来寻找更有效的教育方法。

如果教育者善于在复杂的数据中“雾里看花”，能够通过科学分析挖掘出其中的隐藏价值，就会对高校思想政治教育效果产生深远影响。对于高校思想政治教育工作者而言，其工作重心应聚焦于挖掘和分析那些至关重要的数据。

此外，对高校思想政治教育效果的评价是一项全面且综合的工作，需要借助众多科学指标来衡量。这些指标的数据并非基于工作者的主观经验，而是要依赖对具体数据的细致分析才能得出。因此，大数据在高校思想政治教育中扮演着举

足轻重的角色，它建立在对个体思想政治动态的精准分析之上，对于提升高校思想政治教育的效果至关重要。

四、大数据技术契合高校思想政治教育的个体需要

在马克思主义理论框架下，人的个性被视为实现全面发展的基石。对于学生而言，思想政治教育不仅贯穿他们的日常学习和生活，而且在解决现实生活中的问题时也呈现出显著的个体差异。因此，必须以尊重和客观的态度来面对这些差异。在大数据时代，个性化技术显得尤为重要，它涵盖了个性化排序和个性化推荐等关键技术。

大数据技术的优势在于能够整合和分析庞大的数据资源，通过汇聚学生在日常学习和生活中产生的大量碎片化数字信息，如选课记录、课堂出勤率以及网络社交互动等，并对这些数据进行深入挖掘和分析，能够精确地把握每个学生的思想动态、个性偏好及行为模式。这些信息可以为教师提供宝贵的参考，使得他们能够更加精准地了解学生的心理特点和行为特点。在此基础上，教师可以根据每个学生的具体情况开展个性化的教育工作，确保教育内容与学生的实际需求相匹配。

第二章　高校思想政治教育概述

在当今快速发展的社会背景下，高校不仅是学术研究和知识传承的殿堂，还是培养具有高尚品德、坚定信念和深厚文化底蕴的新时代青年的摇篮。因此，高校思想政治教育的重要性不言而喻。它不仅是高校教育体系的重要组成部分，还是引导学生树立正确世界观、人生观和价值观的关键环节。本章围绕高校思想政治教育的特征、高校思想政治教育的规律、高校思想政治教育的原则、高校思想政治教育的内容、高校思想政治教育的价值等方面展开研究。

第一节　高校思想政治教育的特征

一、开放性

经济全球化是当今时代的重要特征和必然趋势。在经济全球化浪潮下，高等教育正逐步展现出其开放性的特质。在这一时代背景下，高校思想政治教育在环境、过程以及内容上的开放性愈发明显。这一趋势主要体现在以下几个方面。首先，随着中外政治、经济和文化交流活动的频繁开展，各国高校思想政治教育在求同存异的基础上展现出了相互借鉴的态势。其次，高等教育与社会的界限逐渐模糊，高校思想政治教育也更加紧密地与社会实际生活相结合。再次，学生作为时代的弄潮儿，正自觉地融入社会，各种社会思潮在他们身上均有体现。这要求高校思想政治教育必须紧跟时代步伐，引导学生正确理解和应对各种社会现象。最后，高校的改革与发展需接受市场的检验和选择，高校与社会之间正形成共生互动的新格局。在这一背景下，高校思想政治教育必须与全球教育发展的历史趋势相适应，与社会主义市场经济建设的进程相协调，与当代学生的全面发展相结合。同时，高校思想政治教育还应发扬与时俱进和求真务实的精神，以确保教育的生机与活力。

二、民族性

民族性对于一个民族、一个国家而言是十分重要的，民族文化是大浪淘沙留下来的精华，凝聚了一个民族一代代人民的思想精髓和智慧结晶，随着传播和继承早已融入人民的灵魂中。民族文化造就了不同民族的不同习俗和主要特征，民族性是文化的脊梁，是文化价值存在的基础和前提。中华民族传统文化的弘扬也是高校思想政治教育工作的重要内容，培养学生的民族自尊心、认同感、自豪感可以有效帮助学生形成正确的世界观、人生观、价值观，从而拥有优良的性格品质。中华民族文化具有悠久的历史和深厚的底蕴，当中阐述的一些思想和理念至今仍然具有可借鉴性。例如，在中华民族的历史长河中，儒家思想经过了大浪淘沙，通过了历史的筛选，在如今社会的发展中仍然展现出不断更新的内涵。儒家所支持的仁、义、礼、智、信等人类社会道德标准造就了中华民族的民族精神。经过这些民族精神的洗礼，可以极大地提升学生的道德文化素养，有助于学生成为新时代的优秀人才。

三、社会化

社会化是高校回应市场经济发展的时代取向，也是使高校价值得以彰显的重要途径。高校社会化不仅包括开放办学、事业发展、教育教学实践、社会服务、科学运作的社会化，还包括高校后勤工作的社会化。其中，后勤工作的社会化对高校思想政治教育的影响最大，使高校思想政治教育社会化的程度日益提升。突出表现在以下方面：社会大环境与校园小环境之间呈现立体式的交叉渗透、动态式的交流合作的格局，特别是校园周边环境对学生思想发展的影响很大；建立各种教育教学基地、爱国主义教育基地、社会实践基地等教育基地，并且这些基地发挥着积极作用，使得社会实践成为高校思想政治教育的重要组织形式。高校思想政治教育只有自觉地融入丰富多彩的社会生活中，才能真正实现内容、方法、途径、机制和体制的创新，才可以有效地促进学生的全面健康成长。

高校社会化的趋势对学生群体的生活方式、交际模式、思维逻辑和价值取向产生了深远而重大的影响，这导致高校思想政治教育面临比计划经济时代更为复杂的挑战。为了适应这一变化，高校在推进思想政治教育社会化的过程中，必须紧密贴合学生的思想实际，不断探索并创新教育内容、教育方法、教育手段和教育机制。具体而言，高校应深入了解学生的思想动态和实际需求，并以此为基础设计更具针对性和实效性的教育内容。同时，应积极采用多样化的教学方法和手段，如互动式学习、案例分析、社会实践等，以激发学生的学习兴趣。此外，高校还应建立灵活有效的教育机制，确保思想政治教育能够持续、系统地推进。在教育思想、教育宗旨和教育模式上，高校更应勇于创新和突破。要积极开展具有民族特色和地方特色的学生社会实践活动，如积极开展具有区域性和专业性的青年志愿者活动、各种社会公益活动和勤工助学活动，通过实际体验提高践行习近平新时代中国特色社会主义思想的坚定性、自觉性和积极性。同时，在高校思想政治教育社会化过程中，要始终保持正确的政治意识、大局意识、核心意识、看齐意识。

四、信息化

人类已进入了信息化时代。信息技术的迅猛发展已经深刻改变了人类的物质文明、精神文明和政治文明，为各个领域带来了前所未有的变革。在信息时代的浪潮中，信息生活已成为学生日常生活不可或缺的一部分，全方位地影响着他们的日常生活习惯、生活方式、思维模式和价值观念。在这一时代背景下，高校思想政治教育的信息化不仅是时代发展的客观趋势，还是推动高校思想政治教育创新的重要举措。突出表现在以下方面：一是教育信息的海量化和更新的快捷性，网络空间的信息资源远远超过了传统的资源，而且更新的速度惊人；二是教育载体的开放性和参与性，网络载体是一个高度开放的新兴载体，任何人在其中都可以平等地进行教育和接受平等的教育；三是教育实践的隐蔽性和人际情感的间接性，网络教育是一种非面对面的间接性教育，人们可以借助网络接受知识、获取信息、交流情感，避免了人与人之间面对面的接触。为了适应高校思想政治教育信息化的要求，传统思想政治教育必须实现与信息化的整合，探索新的教育模式。

针对高校思想政治教育信息化的新特点，要用马克思主义的基本立场、观点和方法来全面、科学、深入地分析网络文化的“双刃性”，弘扬主旋律，提倡多样化，坚持高校思想政治教育社会主义方向不改变；要正确认识信息化的具体特点和功能，发挥信息技术的优势，提高高校思想政治教育的技术含量和效益。在教育宗旨上，应以造就社会人格为本位；在教育主题上，应以弘扬主体性为宗旨；在教育机制上，应以构建网络阵地为重点；在教育方法上，应以现代化为取向。在高校思想政治教育信息化教育模式构建的过程中，要正确处理信息化教育和传统教育、自律教育和他律教育之间的关系。

五、创新性

创新是推动历史进步和人类持续发展的不竭动力，它集中体现了时代精神的核心。在全民族创新体系的构建中，高校肩负着重要的历史使命。在高校思想政治教育领域，创新则是不可或缺的重要组成部分。

高校思想政治教育的创新涵盖观念、内容、方法、手段及机制等多个层面，这些创新的目标是推动高校思想政治教育从传统模式全面转型至现代化教育模式。在教育观念创新方面，应当致力于以下转变：由封闭式教育逐渐过渡至开放式教育，由补救式教育转变为前瞻式教育，从隐性教育走向显性教育，由模式化教育逐步演进至个性化教育，尊重学生的独特性和个体差异。在教育内容创新上，需要重点关注以下几个方面：深入加强习近平新时代中国特色社会主义思想教育，加强创新素质教育、人文素质教育，同时也要注重个性化教育，以满足不同学生的成长需求。

在教育手段的创新上，应积极利用现代教育技术发展的最新成果，有效整合高校思想政治教育资源，以实现高校思想政治教育过程的科技化、现代化。在教育方法的创新上，应注重多种方法的结合，如将传统的灌输法与现代的体验法相结合、他教法与学生自主学习法相结合、激励法与人格培养法相结合，以及传统教育法与现代教育法相结合，以满足学生多元化和个性化的学习需求。在创新教育机制方面，需建立起一套科学的管理机制、充分的保障机制、有效的激励机制以及全面的评估机制，以对教育效果进行客观、公正的评估。在推进高校思想政治教育创新的过程中，应特别注重借鉴中国传统道德教育的精髓，继承并弘扬党的思想政治教育的优良传统。同时，也要以辩证的态度，有选择地吸收国外思想政治教育的有益成分，为我所用，以丰富我们的教育内容和方法，提高教育的针对性和实效性。

六、人文性

现代化的关键是人的现代化，社会主义的本质是人的全面发展。以人为本的科学发展观的提出彰显了中国共产党在认识人类社会发展规律上的深刻自觉，为各项工作的开展提供了重要的思想指导。在高校思想政治教育领域，这一理念得到了充分体现。教师已经牢固树立了以学生为本的教育观念，将教育、关心、塑造和服务学生紧密结合，同时注重校园文化建设与学生健康成长的相互促进。这种教育模式紧密围绕学生成长和成才的需求展开，充分展现了对学生的深切人文关怀，凸显了高校思想政治教育的人文性特点。

重视对学生的人文关怀，从当代学生的思想实际出发，树立民主、平等、沟通和协商的新观念，把高校思想政治教育工作做细、做活、做实。要结合经济全球化对我国意识形态挑战的复杂形势对当代学生提出的新要求，引导学生树立正确的世界观、人生观和价值观，使其成长为中国特色社会主义事业的合格建设者和可靠接班人。要深入细致地研究当代学生思想中的热点、难点和疑点问题，提高他们的人文素质，培养他们的人文精神。要加大校园文化建设的力度，精心策划和组织各类丰富多彩的校园文化活动。这些活动不仅要有助于学生的全面发展，还要能够激发他们的创造力。同时，为了更有效地进行高校思想政治教育工作，要不断延伸其覆盖面。这意味着要将思想政治教育融入学生的日常生活和学习中，使其不再局限于课堂上。要针对不同层次的学生开展不同形式的教育，力争使所有学生都可以健康成才。要把党的建设工作和学生的思想政治教育工作结合起来，要做好在先进青年中发展党员的工作，实现“支部建在班上”的目标。

第二节　高校思想政治教育的规律

高校思想政治教育不仅有其特征，而且有规律可循，其规律也有大小和形式之分，可以从不同的角度、不同的思路、不同的范围予以界定。高校思想政治教育的规律可以概括为以下几个。

一、教育要素间的对立统一规律

高校思想政治教育要素之间的关系是对立统一的关系，从规律层面上看，这些教育要素间也遵循着对立统一的规律。

（一）教育环境和教育主体间的对立统一规律

环境对主体而言是客体，教育者与受教育者是主体。教育环境和教育主体间的对立统一规律体现在以下几方面。环境的状况决定主体对环境的选择状况；环境的变化决定主体的教育与被教育的变化状况；环境的优劣决定教育效果的好坏；主体对环境有改造和影响作用，教育的主体可以利用环境开展教育，可以调节环境实施教育，可以在一定的程度上创造环境进行教育，即创设教育情境进行教育。

（二）教育主体的努力程度与教育效果好坏之间的对立统一规律

从主体间的努力程度来看，教育者与受教育者之间相互配合得好，教育的效果就好；反之，效果就不佳。教育者与受教育者越强化教育目的和原则，教育的动机就会强化，教育的效果就会越好。教育者与受教育者愈能真正消化教育内容，教育进程就会愈加顺利畅通，教育效果就会愈加突出。教育者与受教育者越善于运用教育途径和方法，教育效果就越好。教育者与受教育者各自的知、情、信、意、行转化得愈彻底，教育的效应就会愈深刻。从教育效果的层面来看，思想政治教育效果的好与坏反映了教育者与受教育者共同努力的程度如何：效果好说明教育的主体努力的程度高；效果差说明教育的主体努力的程度不够，甚至没有努力，或所做努力不得法，或努力的动机一开始就存在问题，或坚持原则不彻底。

（三）教育方针、教育原则与教育途径、教育方法间“互通有无”的对立统一规律

教育方针、教育原则与教育途径、教育方法之间是一种既相互补充、相互促进，又相互区别、相互对立的关系。在教育的过程中，教育方针、教育原则在先，教育途径、教育方法在后。只有始终把教育方针和教育原则作为工作前提，教育途径和教育方法才能得以有效运用，教育的其他要素才能真正发挥应有的作用，教育目标才能切实实现。从另一个角度来看，若教育途径和教育方法是正确的、科学的，则说明教育方针、教育原则坚持和掌握得牢固；若教育途径与教育方法有起有伏、波动不断，则说明在执行教育方针和教育原则时，可能存在一定的问题和障碍。若只坚持其他要素，而将教育途径和教育方法不切合实际需要地使用，教育方针和教育原则的坚持也可能只是一句空话而已。

二、环境改造与教育改造并举性规律

教育环境与教育主体之间的关系实质上体现了一种主客体间的相互作用。这种关系表现为客观环境对主观认知的塑造，同时主观认知又能够反过来影响客观环境。在规律层面，教育环境、教育者以及受教育者三者之间存在着一种有序的逻辑关系，其中环境是前提，教育者和受教育者是主体，他们各自扮演着不同的角色，但又相互依存、相互影响。当教育环境对教育者和受教育者施加影响时，他们并非被动地接受，而是会积极地与环境进行互动。他们会利用环境中的有利条件进一步放大环境的教育效果；同时，他们也会对环境中的不利因素进行识别、筛选和改造，使环境更加符合教育的要求。通过对环境要素的科学整合与配置，他们不仅能够更好地利用现有环境，还能够创造出新的教育环境，构建出适宜的教育场景，从而推动思想政治教育的高效进行。

在教育者和受教育者充分利用环境资源进行思想政治教育的同时，也是他们进行自我教育、自我改造的过程，即环境对思想政治教育提供制约因素，环境在有形和无形中对教育过程提供有效资源，环境对教育过程和教育效果提供后续条件支撑。

因此，高校思想政治教育开始的时候，就是教育者和受教育者充分利用环境的时候；当环境在改造教育者和受教育者时，环境对人的改造也就开始了。这是一条最基本的思想政治教育规律。

三、教育者与受教育者同时接受教育的规律

教育者与受教育者在实施教育与接受教育的过程中同时接受教育，这是同一过程的两个方面。

第一，在实施高校思想政治教育过程中，教育者和受教育者所承担的角色不同，教育者承担着教育的角色，受教育者承担着被教育的角色。他们各自扮演的角色不同、劳动分工不同，但在教育动机、教育目的、教育原则、教育内容、教育途径、教育方法、教育效果等方面的认知上是一致的。

第二，教育者对受教育者实施教育的同时，也在接受着两个方面的教育。一方面是“自我教育”，就是在教育过程中不断反省自己的教育思想和教育行为是否符合教育规律，即教育的动机是否纯洁，给予的目的是否明确，教育方针和教育原则是否认真执行，教育途径和教育方法是否得当，教育效果是否达到预期，教育规律是否运用得当等。另一方面是“他我教育”，即教育者在实施教育过程的同时，也在接受受教育者的教育。这就是说受教育者不是消极被动地接受教育，而是会在接受教育的同时给教育者带来诸多反作用。受教育者会对教育的各大要素提出自己的不同观点而作用于教育者；会因对教育内容的理解不同而作用于教育者；会在教育途径和教育方法的默契上同时作用于教育者；会在教育的思想、心理、意识、行为诸方面对教育者产生全面的影响和作用；等等。

第三，受教育者在接受教育的同时也在不断实现积极的自我教育。受教育者在开始接受教育时可能是消极被动的，但随着教育的不断深入和自我意识的不断增强，就会逐渐由消极被动转变为积极主动地接受教育，被动教育和主动教育并存，消极接受和积极接受并存。在接受教育的时候，受教育者要不断地在接受教育信息的同时主动消化，战胜旧信息对新信息产生的“抗体”。受教育者除了接受狭义的教育内容外，还要对教育者的思想、心理、行为逐步熟悉、理解直至产生同一性，并吸纳可借鉴的东西。在接受教育的同时，受教育者会对教育的目的、

原则、方法、途径、结果不断质疑和反省，直至最终彻底地转变自己，并对教育者产生积极的影响效果。

因此，进行高校思想政治教育的过程是教育者和受教育者同时接受教育的过程。只有真正认识和掌握了这一规律，才能实现教育者和受教育者之间的真正转化，才能真正体现教育的平等性、公平性、社会性、公益性等，才能真正达到思想政治教育的目的。

四、教育环节与教育效果紧密相扣规律

高校思想政治教育是一个完整的过程。各个环节对思想政治教育效果的实现都具有非常重要的作用，教育效果是对教育环节是否科学有效的最终检验。

第一，高校思想政治教育是一个多环节的教育过程，环节多少与教育效果直接相关。高校思想政治教育环节有教育环境与教育者密切相连的环节，教育环境与受教育者密切相关的环节，教育方针、教育原则与教育途径、教育方法环环相扣的环节，教育途径、教育方法与教育效果紧密相关的环节，教育效果与教育反馈相互作用的环节，教育者与受教育者的知、情、信、意、行相互转化的紧密细化环节，等等。各环节之间可以有不同的划分方法和结构构成，但其目的都是相同的，这些环节愈完备，思想政治教育的效果就愈明显。从这个角度讲，教育环节决定教育效果。

第二，保证环节的教育有效性是决定教育效果的关键因素之一。教育环节愈完善，教育效果就愈扎实；反之，教育基础就难以坚实牢固。教育环节愈紧密科学，教育效果就愈深刻有效；反之，教育效果就会欠佳。注重教育环节的主次效果，把握重点，越是关键环节越要链紧、打牢、铸稳，体现教育的深层含义。因此，教育环节就是一个完整的链条，其中一个环节脱节，就很难保证教育取得应有效果。

第三，高校思想政治教育效果的好与坏是对教育环节落实是否到位的反馈和检验。一般来说，高校思想政治教育的效果好，说明教育环节严密而科学；高校思想政治教育的效果差，则说明教育的环节可能存在断裂或不到位、不严密、环节主次不明等问题。因此，高校思想政治教育环节对其教育效果来讲，环节在先，是顺方向；从教育效果反观教育环节的角度来看，效果在后，是逆方向。二者相互作用、相互支撑，形成思想政治教育系统的严密过程和结果，这是高校思想政治教育的一个基本点，也是一个基本规律。

第三节　高校思想政治教育的原则

在高校思想政治教育的实施过程中，必须以教育目标和任务为导向，明确并确立一系列具有宏观性、导向性和规范性的原则。这些原则不仅指导着思想政治教育的方向，还规范着教育过程。在教育活动的每一个环节都应坚定不移地遵循这些原则，以确保思想政治教育能够有序、有效地进行，从而取得预期的教育效果。

一、求实性原则

高校思想政治教育只有遵循求实性原则，符合思想政治教育内在的客观规律的要求，才能达到教育的预期目的。

求实性原则又称实事求是原则。求实性原则作为思想政治教育活动中的一项核心原则，强调教育者必须将思想政治教育的理论与社会的发展进程及教育对象的实际情况紧密结合。这一原则旨在深入理解和把握思想政治教育的内在规律，进而提升教育的实际效果。它不仅是马克思列宁主义、毛泽东思想和中国特色社会主义理论体系的精髓，还是思想政治教育活动不可或缺的根本原则。在实际操作中，求实性原则要求教育者通过系统的调查研究，全面、准确地掌握教育对象的真实状况和需求。通过这一过程，教育者能够深入探索思想政治教育的内部运作规律以及影响教育效果的外部因素，从而提高教育的针对性和实效性，使思想政治教育更加贴近实际、贴近生活、贴近受教育者。

（一）求实性原则的确立依据

1. 求实性原则是辩证唯物主义的认识论的集中体现

由辩证唯物主义的认识论可知，客观世界是不以人的意志为转移的客观实在，它有其自身的特性和运行规律，人们只有对其中的规律加以把握，才可以达到改造客观世界的实践目的。求实性原则反映了在高校思想政治教育中要以教育对象、环境的关系和思想行为的变化需求为条件，运用科学的思想政治教育工作理论探寻切实有效的思想政治教育方法。

2. 求实性原则是党的优良作风和科学的工作方法

中国共产党历来强调把发挥理论的指导作用和重视实践的决定作用相结合，将马克思主义的普遍真理同中国革命的具体实践相结合，要求全国人民实事求是，不断探寻改革的新思想、新途径和新方法。因此，求实性原则是党的优良作风。同时，求实性原则也是科学的工作方法。它使主观和客观相符合，认识和实践相统一，使教育者能一切从思想政治教育的实际出发，发挥了教育者和受教育者的主观能动性，达到主观和客观统一的要求，也是做好高校思想政治教育工作的基本条件。

3. 求实性原则是正反两方面经验教训的总结

高校思想政治教育的实践证明，只有坚持求实性原则，才可以解决受教育者的思想问题，树立思想政治教育的良好声誉。历史证明，在革命战争年代，思想政治工作成为我党战胜敌人的一大法宝，为我国新民主主义革命的胜利作出了巨大贡献。因此，求实性原则需要教育者客观地分析当前国内国际发生的新变化、新情况、新问题，使学生在情境中释疑，在释疑中去解决自己的思想问题、心理问题和实际生活问题，力求使主观和客观相统一，从而增强高校思想政治教育的效果。

（二）求实性原则的一般要求

1. 一切从实际出发

一切从实际出发就是要坚持主观与客观、主体与客体的统一，根据实际情况，制定不同的工作目标，选择恰当的方法。随着我国改革开放和市场经济的发展，受教育者思想的差异性和自主性逐渐增强，这要求教育者从现实出发，根据每个受教育者的特点和所处的社会环境，以及引发问题的各种因素去做具体分析，找出原因和内在机制，制定出符合实际的教育方案和可操作的措施，帮助和指导受教育者提高认识水平，锻炼能力。

2. 进行调查研究

调查研究是贯彻求实性原则的重要保证，调查研究是高校思想政治教育活动开展的第一步，没有调查研究就没有发言权。调查研究是解决问题的开端，高校思想政治教育也必须从调查研究入手。思想政治教育的对象数量大，其面临的家庭环境、自然环境和社会环境并不完全相同，面临的问题不同，经历和特点也不同，具有复杂性和多样性。如果没有调查研究就去进行思想政治教育工作，轻则效果不佳，浪费人力财力，重则引起负面效应。因此，高校思想政治教育者要坚持调查研究，要多跑、多看、多问、多记，大量掌握社会和受教育者变化的第一手材料，这样才可以有针对性地开展思想政治教育活动，并取得理想的教育效果。

3. 理论联系实际

求实性原则要求在高校思想政治教育活动中要理论联系实际。高校思想政治教育者的职责在于把一般理论指导原则与思想政治教育的实际相结合，以取得最佳的思想政治教育效果。这就要求高校思想政治教育者既要努力学习、精通思想政治教育学原理和方法理论；又要深入受教育者生活的方方面面，具体分析实际中产生的问题，制定可行的操作策略，力求避免主观或片面的思想方法和作风。

二、疏导性原则

在高校思想政治教育工作中，需要遵循的一条重要原则是疏导性原则，这一原则体现了思想政治课教育“合目的性”和“合规律性”的统一。

高校思想政治教育一个突出的特点就是带有明显的目的性，这种目的性是人主观意识的客观反映，既能体现出当前阶段社会发展的要求，又能体现出国家和人民的需求。大数据背景下的高校思想政治教育工作还体现出目标指向性和价值取向性。要使思想政治教育在多元的网络文化环境中始终占据主导地位，代表正确价值观的形象，就要通过正确的网络手段或是渠道对社会舆论进行引导，维护人民的利益，同时还要批判网络上那些庸俗、偏激的思想和观点。与传统教育环境相比，大数据是一个新开辟出的教育环境，因此，将其作为思想政治教育的新阵地，必定还要去面对和解决很多问题。例如，如何引导和把握网络文化就是思想政治教育当前面临的一个重要问题。大数据技术的发展和网民人数的急剧增加共同推动了网络文化的产生，人们可以相对自由地以匿名状态发表自己的观点，这种状态的发展催生了一套独属于网络空间的话语体系。在这一网络话语体系下，怎样构建思想政治教育的话语体系，怎样让受教育者尽快适应网络环境中的表达方式，怎样实现教育者和受教育者之间的有效沟通，都是大数据背景下高校思想政治教育工作所要面对和解决的问题。

三、主导性原则

在我国当前阶段，思想政治教育是党的中心工作的重要组成部分。它基于马克思主义理论，旨在教育和引导学生，激发他们为实现共产主义信仰而努力奋斗的热情。同时，这也是一项为实现中国特色社会主义共同理想而展开的实践活动。在此过程中，思想政治教育展现出鲜明的中国特色社会主义意识形态的主导性，这种主导性不仅是其本质特征，还是其不可或缺的基本原则。

主导性原则在思想政治教育活动中占据核心地位，它强调在教育过程中必须坚定不移地遵循政治导向的准则。这一原则要求必须坚持和维护社会主义意识形态的主导地位，确保教育具有鲜明的政治方向。这不仅是思想政治教育本质的体现，还是其阶级性的集中展现。在建设社会主义现代化强国的背景下，作为党的中心工作的重要组成部分，思想政治教育必须明确体现社会主义和共产主义的方向，与党的纲领和宗旨保持一致。要将党的路线、方针、政策教育与社会主义、共产主义思想、道德教育紧密结合，确保教育内容与时俱进，符合当前社会发展的需求和教育对象的实际状况。同时，主导性原则还鼓励学生努力将个人理想、社会主义共同理想和共产主义远大理想相结合，树立社会主义意识形态。这样能够充分发挥思想政治教育的主导作用，增强思想政治教育的效果，为培养具有坚定政治信仰和高度社会责任感的优秀人才贡献力量。

（一）主导性原则的确立依据

1. 主导性原则是由思想政治教育学的阶级性决定的

思想政治教育学是我国整个社会主义意识形态学科体系中最具特色的一门科学，具有鲜明的党性。这里的党性就是阶级性，即它是为无产阶级和广大人民群众的根本利益服务的，它以马克思列宁主义、毛泽东思想和中国特色社会主义理论体系为指导，用马克思列宁主义理论来武装和教育人们，传递无产阶级政党的政治意图、思想观念、道德规范，培养社会主义建设者和接班人，更好地维护和发展社会主义现代化建设的积极成果。因此，党性是思想政治教育学的根本性质，也是思想政治教育学的灵魂，决定着思想政治教育的发展方向，规定着其整个理论体系的基本特征。它与其他社会学科相比带有强烈的意识形态性。由此可见，主导性原则是思想政治教育学阶级性的根本体现。

2. 主导性原则是由思想政治教育的任务决定的

高校思想政治教育的任务是通过对受教育者深入开展党的基本理论、路线和基本经验的教育活动，让受教育者认识中国革命、建设和改革开放的历史规律，认识国家的前途命运，认识自己的社会责任，从而为实现中华民族伟大复兴的中国梦而努力造就大批有理想、有道德、有文化、有纪律的社会主义建设者和接班人。这些任务是思想政治教育的主要内容，也是其主导性的具体体现，如果不坚持主导性，就难以完成思想政治教育的主要任务，也就难以达到思想政治教育的目的。

（二）主导性原则的一般要求

1. 稳固社会主义意识形态的主导地位

在当今意识形态多元化的国际背景下，西方资产阶级的意识形态对人们的生活习惯、行为方式产生了一定影响。在这种情况下，高校思想政治教育必须高举社会主义旗帜，坚持马克思主义理论的指导，坚持中国共产党的领导，坚持走中国特色社会主义道路，稳固社会主义意识形态的主导地位。

2. 坚持思想政治教育内容的主导性

高校思想政治教育要把马克思列宁主义、毛泽东思想、中国特色社会主义理论体系作为中心内容，特别是要坚持用习近平新时代中国特色社会主义思想武装人们的头脑。针对青少年群体，迫切需要强化以爱国主义、集体主义和社会主义为主旋律的教育，深化社会主义核心价值观的培育。这不仅是引导青少年树立正确世界观、人生观和价值观的关键途径，还是为社会主义现代化建设培养未来栋梁之材的重要任务。

3. 要将主导性原则贯穿思想政治教育的全过程

不仅要在一个个具体的思想政治教育活动中坚持主导性原则，而且要贯穿高校思想政治教育活动的全过程，要尽量将高校思想政治教育的主导性落实到经济工作、业务工作中去，使主导性原则体现在思想政治教育活动的方方面面，提高人们的政治敏锐性，使人们善于从政治角度观察和处理问题，发挥党的政治优势，保证党的各项事业健康发展。

四、前瞻性原则

当前世界瞬息万变，高校思想政治教育除了要充分了解当前思想政治教育的发展特点，还要以发展的眼光对思想政治教育的发展进行预判。前瞻性原则便与这一要求不谋而合，高校思想政治教育的前瞻性原则要求教育者根据现实状况和发展的可能性对未来的发展做出大胆、合理的判断，解放思想，既要立足现实又要超越现实。在当前社会条件下，具有前瞻性的思想显得尤为重要。在网络技术发展的初期，各大校园网络建设驶上了快车道，多媒体、万维网等得到了广泛应用，丰富多彩的网络信息迅速得到了学生的青睐，网上冲浪、信息漫游也迅速出现在他们的日常生活中并消耗了他们大量的时间，但是开放的信息环境在给学生送来最新信息、不断开阔他们视野的同时，也在意识形态方面给他们带来了一定的冲击。教育者必须以前瞻性的眼光对这些问题加以考虑，在利用互联网进行思想政治教育时要注重对互联网文化软环境的构建，积极推广那些形式多样、内容丰富、具有教育意义的内容，以此来吸引学生的关注，在潜移默化中提高学生的思想道德素质。当前，很多学校都推出了专门提高学生思想政治水平的专题网站，体现出在思想政治教育方面对互联网平台的不断探索。

当前，我国将互联网技术融入高校思想政治教育的探索还不够成熟，无论是外在环境还是内在发展，都给高校思想政治教育带来了诸多挑战和机遇。道路是曲折的，前途是光明的，在探索和实践的道路上无论遇到什么样的困难都要敢于创新，以坚韧不拔的精神迎接新的挑战和解决新的问题，还要顺应网络发展的潮流，瞄准机会、把握机遇。在高校思想政治教育中，只有坚持前瞻性原则，才能高瞻远瞩、未雨绸缪，以冷静的头脑、主导性的姿态面对各种变化。

五、人本性原则

人本性原则顾名思义就是以人为本的原则。“人本”这个概念在中华优秀传统文化中由来已久。《尚书·周书·泰誓》中提到的“惟人万物之灵”[①]是中国古代社会中最早的与人的价值相关的记载。这一说法肯定了人的价值，表现出了只有人才可以创造历史以及推动社会发展的思想。此外，《尚书·夏书·五子之歌》中也写道“民惟邦本，本固邦宁”[②]，指出了对于国家来说，人民是根本和根基，只有良好地解决人民的问题，国家才可以得到安宁、安定。《管子·霸言》中提到“夫霸王之所始也，以人为本”[③]，指出国家的基业要想稳定，就要从以人为本开始，这是中国古代史上第一次以“以人为本”的字样出现的关于以人为本的思想。然而，这里的“以人为本”中的“人”从一般意义上来说指的是民，即“以民为本”，不同于现代意义中“以人为本”中的“人”。《孟子》中记载着“民为贵，社稷次之，君为轻”[④]的语句，《荀子》中也提出了“君者，舟也；庶人者，水也。水则载舟，水则覆舟”[⑤]，这些历史记载深刻揭示了古代学者对民本思想的深入思考。

汉代的政治家、思想家贾谊提出了“民无不为本”的主张，他指出大到国家社稷，小到官吏，其立足的根本都应该以人为本。这就在理论上说明了人民可以对社会的发展起到十分重要的作用，体现出了对民众的重视。贾谊的这种思想一直存在并不断发展，到了明清时代，这种思想逐渐演化成了最初的民主思想。明

① 尚书 [M]. 王世舜，王翠叶，译注 . 北京：中华书局，2012.
② 同①。
③ 管仲 . 管子 [M]. 蔡景仙，译注 . 北京：中国工人出版社，2016.
④ 孟轲 . 孟子 [M]. 王欣，译注 . 北京：中国纺织出版社，2007.
⑤ 荀况 . 荀子 [M]. 安小兰，译注 . 北京：中华书局，2016.

末清初思想家黄宗羲在其所作的文章《原君》中鲜明地提出了“以天下为主，君为客”[①]的观点，这一表述深刻体现了人民应当是国家的主人，而君主则是为人民服务的角色。这一思想不仅在当时具有开创性，而且为中国近代历史上民主思想的发展奠定了坚实的基础，对后世产生了深远的影响。

通过深入研究中国古代史中关于人本思想的记载不难发现，古代的人本思想主要建立在民本的基础之上。这些与人本相关的思想不仅体现了古代学者和统治阶层对民本问题的深刻思考，也反映了民众对自身在社会中定位的深刻认识。尽管这些思想源自古代，但它们所探讨的人的问题与现代社会息息相关，因此对于当今我们所倡导的以人为本的理念具有非常重要的借鉴意义。这显示出了人本原则在中国有着广泛而深厚的理论基础。在马克思主义理论中，关于人本原则的思想也是其中最重要的内容之一。

在高校思想政治教育中，人本性原则更着重于释放和发展个体的个性，形成一种对人在社会中扮演着重要角色以及发挥着重要作用的肯定。这里的个体不仅包括学生个体，作为教育者的教师同样也是主体之一，承担着重要的责任。高校思想政治教育工作坚持人本性原则实质上就是坚持以人为本的教育理念，将教育者与受教育者都放在主体的地位，将马克思主义的基本观点在日常的教学工作中加以运用，实现教学资源、综合管理、思想指导三者的有机结合，使高校学生树立正确的世界观、人生观、价值观，为今后个人的发展打下良好基础。

坚持人本性原则就是坚持贴近主体之一的受教育者。大量具有重复性的精准社会调查均证明，如今我国学生的政治素养和思想教育水平总体而言较高。他们在日常生活和学习中思想活跃，拥护中国共产党，热爱祖国，并在社会和学校的双重影响下成长为对中国特色社会主义道路、理论、制度、文化等方面充满自信的社会中坚力量，并且坚信社会主义现代化伟大蓝图和中华民族伟大复兴的壮阔目标可以实现。作为思想政治教育理论传播载体的高校，如果不能深刻认识到贴近青年学生并彻底了解他们的思想变化历程的重要性，就只能被认为在进行“灌输式”教育。高校思想政治教育工作者理应深入学生群体，想学生之所想，急学生之所急，切身感受学生的思想需求，更进一步地与学生进行沟通交流，运用全新的教育方法了解学生群体的思想症结、心理诉求，将自己置身于青年学子的群体中，只有这样才可以在生活和学习中与他们进行更好的交流和沟通，得到教育双方的相互理解和支持。

① 黄宗羲．明夷待访录 [M]. 段志强，译注．北京：中华书局，2011.

六、民主性原则

在高校思想政治教育中，教育者和受教育者之间要发扬民主精神，平等交流。要提高思想政治教育的实效，就需要遵循民主性原则。

所谓民主性原则，是指在高校思想政治教育过程中教育者与受教育者之间在平等条件下相互沟通和协调，共同完成思想政治教育任务的原则。民主的原意是指人民有参与国事或对国事自由发表意见的权利，其本质是平等。在高校思想政治教育中，民主就是教育者与受教育者在充分尊重双方的人格和民主权利的前提下，创造条件让双方充分表达自己的思想和意见，并在此基础上集中正确的意见和建议，满足其合理的要求，制订切实可行的实施方案，共同完成高校思想政治教育的任务，实现高校思想政治教育的目标。

（一）民主性原则的确立依据

1. 民主性原则是由高校思想政治教育基本矛盾的性质决定的

在高校思想政治教育中，教育者所要求的社会主流意识与受教育者思想观念之间的差异是高校思想政治教育的基本矛盾，主要表现为思想疑难问题，它是人民内部的思想问题，属于是非辨别的问题，而非对抗性的政治问题。因此，在高校思想政治教育活动中，就只能采取摆事实、讲道理的说服教育方法，只能采取批评与自我批评相结合的民主方法。

2. 民主性原则是由高校思想政治教育本质规律决定的

高校思想政治教育活动是改造人的政治思想的活动，本质是人的活动。作为思想政治教育活动中的人，具有不同于其他一切动物的主观能动性。只有在高校思想政治教育活动中充分发挥受教育者的主观能动性，受教育者才可以积极主动地将思想政治教育的信息内化为个体的思想，外化为主体的行动，从而达到思想政治教育的目的。受教育者能否主动地内化思想政治教育的内容，主要取决于在思想政治教育活动过程中，其主体地位是否得到尊重，包括其人格、权利、尊严、爱好等是否受到尊重，能否在受教育过程中与教育者平等对话，能否正确顺畅表达，其良好的愿望和主人翁的热情能否发挥。这些都有赖于民主性原则的坚持与运用。

（二）民主性原则的一般要求

1. 坚持教育者与受教育者之间的平等地位

在高校思想政治教育活动过程中，教育者要树立受教育者与教育者之间具有平等地位的观念。现代高校思想政治教育中，教育者和受教育者之间的地位越来越平等，双方完全可以在平等的基础上展开讨论、辨明是非，取得以理服人的教育效果。在现代信息传媒日益发达的今天，受教育者和教育者之间获取信息的渠道更加畅通、更加便捷，而且还具有同步性，教育者不再像过去那样享有获取知识的绝对优势地位。因此，双方需要在平等交流的基础上共享资源，达到信息共享、相互激励、共同提高的目的。

2. 批评和自我批评相结合

在高校思想政治教育活动过程中，需要坚持批评和自我批评相结合的方法。一方面，需要让受教育者知无不言，言无不尽；另一方面，对受教育者所犯的思想问题和行为问题要严肃地指出，帮助受教育者自觉地进行自我批评，不断地检视自己的思想和行为，提高高校思想政治教育活动的效果。

3. 营造良好的民主氛围

在高校思想政治教育活动过程中，坚持民主性原则必须依赖良好的民主氛围。因此，教育者和受教育者之间要营造一种良好的民主氛围和环境，双方要坦诚相见、畅所欲言，进行双向、互有成效的交流和合作，切忌独断专行。

七、方向性原则

方向性原则是进行高校思想政治教育的根本要求，要毫不动摇地在高校思想政治教育过程中坚持社会主义方向。首先，必须将马克思主义及相关理论成果作为指导。其次，提高贯彻高校思想政治教育方向性原则的自觉性。要充分认识到自身育人的目的，自觉地把方向性作为重要指引，不能偏离教育目标，使培养方向和目的贯彻在每一项工作中，从细节抓起，从规范抓起。同时，学生也应该看到坚持正确的方向有利于个人的发展，思想观念和政治素养有时对一个人的影响也是巨大的，坚定社会主义的政治方向是开展好工作的前提。最后，贯彻方向性原则必须讲究科学性。做工作，方法很重要。因此，在进行高校思想政治教育时，要将各种方法整合在一起，灵活运用，这样才能取得事半功倍的效果。

八、实效性原则

高校思想政治教育在我国和谐社会的建设中发挥着越来越重要的作用，需要其为建设社会主义现代化强国服好务、导好航。

实效性原则是评估高校思想政治教育活动成效的关键原则，它侧重于活动实施后所展现出的实际效果。作为一种教育实践，高校思想政治教育的成功与否需要通过明确的量化指标来衡量。这些指标旨在评估活动是否完成了预设的目标，包括实现目标的程度、范围，以及投入与产出的比率等。简单来说，实效性原则关注的是活动效果的大小和质量。它不仅是衡量高校思想政治教育工作进展和效果好坏的内在尺度，还是优化教育计划、提升活动质量的重要依据。

（一）实效性原则的确立依据

1. 实效性原则是辩证唯物主义的科学世界观和方法论的集中体现

辩证唯物主义的核心观点是，客观世界是独立于人的意识之外的实在存在，它拥有自身独有的特性和运行规律。为了认识并改造这个世界，人们必须遵循其固有的规律，而不是仅凭主观意愿。实效性原则正是这一科学世界观的具体体现和实践应用。它要求教育者基于客观事实，通过深入调查和研究，揭示事物之间以及事物内部的内在联系和规律，从而将这些发现作为指导行动的准则。因此，它是辩证唯物主义的科学世界观和方法论的集中体现。

2. 实效性原则是由高校思想政治教育的价值决定的

高校思想政治教育具有一定的价值，包括个体价值和社会价值。从思想政治教育的个体价值视角来看，关键在于它是否能精准满足受教育者的实际需求，能否有效地促进每个个体的全面成长。从思想政治教育的社会价值来说，其是否满足了社会的政治、经济、文化发展的需要，是否在思想政治教育中贯彻了和谐社会、以人为本的理念，其根本的体现就是是否促进了人的自由全面发展环境的形成等。这些都是高校思想政治教育实效性的具体体现。因此，实效性原则是由高校思想政治教育的价值决定的，否则，高校思想政治教育就失去了存在的意义。

3. 实效性原则是高校思想政治教育评价的客观要求

高校思想政治教育活动开展后，其效果如何，是需要测量和考评的。只有对高校思想政治教育活动过程中所选用的方式、手段和具体途径等所产生的实际功效进行测量和考评，才能把握高校思想政治教育效果的好坏。因此，实效性原则是高校思想政治教育评价的客观要求。

（二）实效性原则的一般要求

1. 讲究针对性

高校思想政治教育针对性要强，其活动才有效果。鉴于思想政治教育对象的多样性和复杂性，教师面临的是不同年龄、性别、家庭背景和性格的群体。这些差异显著影响着个体对教育内容和教育方法的接受条件和接受能力。因此，在教育实践中，必须坚持因人而异的原则，有针对性地选择和运用教育方法。通过精准匹配教育策略与对象的特性，能够显著提高教育的效率，取得事半功倍的成效。在思想政治教育途径的选择上，也必须灵活多变，不同的教育内容需要适配不同的教育途径，避免一刀切的做法，必须要把讲究针对性作为实效性原则的一个基本要求。

2. 注意方法的科学性

高校思想政治教育的实效性得益于其方法的科学性。方法的科学性关键在于教育者能够依据具体的思想政治教育任务、内容以及教育对象多样化的特点，灵活且精准地选择和应用相应的方法。思想政治教育方法多种多样，不同的方法有不同的理论依据、适用条件及其范围。思想政治教育的任务、内容和对象是千变万化的，只有科学地选择方法，才能取得预想的效果。在现实活动中，不同的方法适用于不同的任务和对象，同样的方法也可以适用于不同的任务和对象，只有科学地加以选择和运用，才能切实提高思想政治教育的实效。

3. 结果检验有效

高校思想政治教育是否取得实效主要通过对思想政治教育进行检验。高校思想政治教育结果主要体现在以下几方面：促进受教育者的思想素质、知识素质、能力素质、心理素质、身体素质持续提升；促进受教育者对思想政治教育目标的认同，改变部分受教育者偏激、狭隘、自私等心理，积极对党的路线、方针、政策以及各种法律法规和规章制度的认同。总之，高校思想政治教育要能经受住社会和实践的检验，达到结果检验有效的目的。

九、心理相容原则

（一）心理相容原则的含义

心理相容是一种群体特性，源于群体中各成员在理想、信念、观点上的一致性，能够形成一种融洽的心理交往状态。这种状态是良好人际关系在个体心理上的具体体现。每个人都是独一无二的，由于各自所处的社会环境、社会经历以及认知水平不同，个体之间自然会产生一定的差异，这些差异在能力、思维、兴趣爱好、性格和气质等方面尤为显著。然而，在实际生活中，个体并非孤立存在的，而是相互联系、相互依存的。为了维护这种联系和依存关系，需要承认并尊重彼此的差异，努力做到相互理解、相互包容、相互信任和相互支持。只有这样，个体之间的关系才能朝着更加和谐的方向发展，从而推动整个社会的和谐发展。心理相容是构建个体间“你中有我，我中有你”和谐关系的基础和保障。只有在充满信任、理解、包容与情感交流的心理环境中，单独的个体才能发挥主观能动性，展现出更加旺盛的活力、创造性和创新精神。这样的环境使得个体能以更加乐观和健康的心态去面对在生活、学习和工作中遇到的挑战，进而实现自身的价值。当个体之间实现心理相容时，积极的心理环境得以形成，个体的力量得以凝聚，他们就能够共同为实现集体的奋斗目标而齐心协力。

（二）坚持心理相容原则的意义

1. 有利于营造良好的心理氛围

在高校思想政治教育中，心理相容原则发挥着至关重要的作用，它促进教师与学生之间建立起深厚的相互理解、信任和依赖的关系，从而营造良好的心理氛围。这种良好的心理氛围让学生在与教师交流时感到无比自在和放松。在没有任何歧视、猜疑或矛盾的环境中，学生能够敞开心扉，毫无保留地表达自己的想法、感受和担忧。这种坦诚的交流为教师提供了深入了解学生思想动态的宝贵机会，使得教师能够更加精准地把握每个学生的特点和需求。在此基础上，教师能够因材施教，为学生提供更具针对性和实效性的思想政治教育，从而让高校思想政治教育工作更加具有实效性。

2. 有利于教育主体充分发挥主观能动性

一方面，心理相容的力量对学生的成长与发展至关重要。它让学生保持积极乐观的心理态度，无论是在日常生活、学业追求中，还是未来的职业生涯中，都能充分发挥自身的主观能动性。这种心态激发了他们的思维潜能和学习热情，使他们更加积极主动地接受正确的引导，从而使自身的学习效率和学习质量得到有效提高。在心理相容的推动下，学生的学习过程变得更加具有创造性、包容性和多样性。他们不仅追求知识的深度与广度，还注重培养自己的批判性思维和创新能力。这种全面的发展方式使他们在实现个性发展的同时，也能实现自我价值，进而获得心理满足感和成就感。

另一方面，当教师目睹学生在他们的引导下，以积极乐观的态度面对生活、学习和工作时，内心会涌现出强烈的满足感和成就感。这种正面反馈不仅是对教师工作的肯定，还是激发他们主观能动性的强大动力。受到这种激励，教师会继续保持积极乐观的心态，持续投入并热爱教育工作，为培养更多优秀的学生而不断努力。

3. 有利于消除学生的逆反心理

学生的世界观、人生观、价值观在高校时期正处于塑造和完善的阶段，他们对问题的理解往往较为表面，缺乏深刻的本质认识。加之部分学生个性鲜明，自我管理能力不足，往往以自我为中心，当他们的行为或观点得不到家长、教师、朋友的认同和理解时，容易滋生消极对抗的情绪，形成逆反心理。为了化解这一难题，教师应积极运用心理相容原则，主动关心学生的内心世界，尊重他们的个性和选择，用真诚和爱去温暖他们。通过这种人文关怀和情感投入，教师能够触动学生的内心，让他们感受到被理解、被接纳，进而对教师产生信任。在这种信任的基础上，学生会更愿意主动接受教师的正确引导，并且以开放的心态听取不同的意见和建议。这样的过程有助于学生消除逆反心理，以更加积极、开放的心态去面对学习和生活，促进自身的全面发展和健康成长。

（三）运用心理相容原则的必备条件

1. 教师与学生价值观的接受和认可

心理学中的相似性原理指出，当人与人之间观点相近或相似时，更容易相互理解、吸引。在日常生活中，人们倾向于接近持有相同观点的人，因为共同的信仰或价值观能带来一种“彼此相像”的亲切感。当教师和学生在信仰、价值观等方面存在相似之处时，这种相似性会促进双方的心理共鸣，使得教育过程更加顺畅。在这种情况下，教师应积极采取行动，通过组织多样化的活动来拉近与学生的距离，让学生在实践中自发地形成符合社会需求的思想观念，这样的教育方式远比单纯的说教更加有效。

2. 教师应具备良好的人格魅力

随着科技的飞速发展和社会的不断进步，传统意义上的教师权威正面临严峻的挑战。若教师的知识储备不足，不仅会导致教育权威性的削弱，还会失去学生的信任。因此，教师不仅需要不断充实自己的知识库，还要注重提升个人的能力素质与魅力，塑造良好的个人品质。作为教育实践的指导者，教师的榜样力量如同磁铁一般吸引着学生的目光，引导着他们的言行。教师应当深刻认识到自我教育的重要性，时刻反思、提升，以身作则，为学生树立正面的榜样。教师的道德素质和个人能力应该符合教育工作者的期望；否则，教育效果将大大降低。

第四节　高校思想政治教育的内容

一、基本内容

高校思想政治教育的基本内容是社会的基本要求和做人的基本品质。它涉及生活的各个方面，贯穿一个人的一生，是高校思想政治教育中的基础内容，具有基础性、广泛性和持久性等特征。

（一）中华传统美德教育

1. 自强不息教育

“自强不息”这个词语源自《周易》中的“天行健，君子以自强不息”。它是从中国古代“天人合一”的宇宙观和朴素的人文思想中孕育、发展出来的人民群众的心理素质和精神状态，根植于中华民族的传统文化之中，是中华儿女发愤图强，自立于世界民族之林，实现中华民族伟大复兴的精神动力。从历史角度来看，人类的发展、文明的进步是永远不会终结的。人类对自然、社会发展的认识，以及在此基础上形成的永无止境的向上努力、自信自强的精神，成了适应现代社会发展需要的民族精神的突出表现。对学生进行自强不息教育的目的就是要使学生志存高远、刚健有为、不怕困难、积极向上、奋发图强。

2. 忧患意识教育

忧患意识可以说是一种责任意识，是个体履行应当承担的社会责任并努力维护社会正常运行的信念和意志。这种意识是个体在社会分化和社会整合中必须拥有的，要求人们在市场经济发展过程中敢于承担风险、敢于再创辉煌，把国家、民族的生存发展放在心上，还要求人们树立以天下为己任的历史使命感，维护国内安定、发展、团结、进步的良好局面，保持积极进取、艰苦奋斗的昂扬斗志，以自身的行动去实现社会发展和民族振兴。

3. 中国革命传统教育

中国革命传统主要是指在中国共产党领导人民进行长期革命斗争的过程中产生的，并在党大力提倡和培植下形成并发展起来的事迹、思想、作风、道德、信仰等。它是中国共产党领导下的中国革命斗争实践的产物，是我党克敌制胜的传家宝，这一优良传统有着极其丰富的内容。

第一，中国革命历史和革命者英勇奋斗的事迹是革命传统教育的基础。

第二，中国革命产生和形成的思想、道德和作风是革命传统教育的核心和重点内容。

第三，在中国革命中形成、确立的纪律和制度也是革命传统教育的重要内容。

高校在进行革命传统教育的过程中，要结合不同的形式，依靠不同的载体，培育和强化学生的各种精神。例如，追求真理、矢志不移的奋斗精神；全心全意为人民服务、甘为孺子牛的公仆精神；大公无私、先人后己的牺牲精神；紧紧依靠群众，永不脱离人民的团结精神；不唯书、不唯上，一切从实际出发的求实精神；勇于自我批评、严于解剖自己的自律精神；等等。

（二）理想信念教育

理想是人们在现实实践基础上形成的、有实现可能的对未来社会和自身发展的向往与追求。信念是为了实现理想而在内心形成的高度认同和持之以恒的内在动力。理想分为个人理想和社会理想，无论是个人理想还是社会理想，或者是由此形成的信念，都能为人指明前进的方向，提供强大的精神动力，都能鞭策人们奋发图强。信念是指人们对自己的想法观念及其意识行为倾向强烈的坚定不疑的确信与信任，是个体积极主动性形成的基础。学生是青年人的代表，是青年中拥有现代科学知识的群体，是建设社会主义现代化强国的中坚力量。学生的成长成才离不开正确的个人理想信念的确立和社会理想信念的指引。只有有了理想信念的支持，学生才可以在国际社会纷繁复杂的环境中保持正确的政治方向，才可以不断产生建设热情，才可以更好地为社会发展贡献力量。在我国现阶段，建设中国特色社会主义，把我国建设成为富强民主文明和谐美丽的社会主义现代化强国是我国各族人民的共同理想，而实现共产主义则是最高理想。中国特色社会主义共同理想和共产主义最高理想的确立建立在马克思主义对人类社会一般规律的认识和把握的基础上，因此要使学生深刻认识共同理想和最高理想，就必须让其学习马克思主义基本理论，坚定马克思主义信念。

1. 马克思主义信念

马克思主义信念的确立建立在对马克思主义理论体系深入学习和全面认同的基础上。这一理论体系由三大核心部分构成：马克思主义哲学、马克思主义政治经济学和科学社会主义。首先，马克思主义哲学是辩证唯物主义和历史唯物主义的融合体，深入揭示了自然界、人类社会以及人类思维领域的一般规律。它不仅为无产阶级提供了认识世界和改造世界的科学世界观，还为他们提供了方法论指导。其次，马克思主义政治经济学深刻剖析了资本主义生产关系的本质，详细分析了资本主义经济危机的周期性规律，进一步揭示了生产关系必须适应生产力发展的基本原理。基于这些分析，马克思主义政治经济学得出了资本主义终将灭亡，而社会主义必将胜利的结论。最后，科学社会主义是在批判空想社会主义的基础上，按照历史唯物主义的观点创立的符合社会发展规律的关于无产阶级革命和建设的科学理论体系。学习马克思主义基本理论知识可以使学生深刻认识马克思主义经典著作分析人类社会发展规律的缜密逻辑思维，加深对社会发展规律的理解，坚定马克思主义信念，更好地理解中国特色社会主义共同理想和共产主义远大理想。

2. 中国特色社会主义共同理想

中国特色社会主义共同理想是我们在长期的革命和建设实践中得出的结论。民主革命时期，帝国主义、封建主义、官僚资本主义三座大山牢牢压在我国人民身上，民族资产阶级探寻发展资本主义道路的尝试一次次失败，表明资本主义道路在我国行不通。十月革命的一声炮响给我国人民送来了马克思主义。中国共产党领导人民进行了伟大的新民主主义革命，建立了中华人民共和国。社会主义道路是我们在当时的历史条件下唯一且正确的选择。1956 年底，社会主义制度在我国基本确立。经过几十年的奋斗，虽然我国的社会主义建设取得了一定的成果，但是我国目前仍处于社会主义初级阶段。社会主义的建设和发展是一个持久而深远的历史进程，因为它要求人们不断深化对社会主义的理解并持续付诸实践。在当前阶段，我国必须将经济建设置于核心地位，坚定不移地坚持四项基本原则，并持续深化改革开放，以此来释放并提升社会生产力。在这一过程中，需要进一步巩固和完善社会主义制度，同时致力于构建社会主义市场经济、社会主义民主政治、社会主义先进文化以及社会主义和谐社会，建设一个富强民主文明和谐美丽的社会主义现代化强国，这一愿景的实现需要每一个人的共同努力和不懈追求。中国特色社会主义共同理想的教育能引起学生对社会主义的共鸣，能加深学生对社会主义初级阶段的认识，能引导学生充分发挥推动社会主义现代化强国建设的作用。

3. 共产主义远大理想

社会主义是连接当前与共产主义的桥梁，它作为一个过渡阶段，其各项政策的制定和实施均旨在推动社会主义的稳步发展，为实现共产主义的宏伟目标奠定坚实基础。学生是社会主义现代化的建设者，是共产主义事业的奠基人，积极引导学生追求共产主义远大理想是高校思想政治教育的内在要求。在高校思想政治教育实践中，高校应注重先进性和广泛性的结合，先引导学生中的先进分子树立共产主义远大理想，再发挥其示范作用引导整个学生群体树立共产主义远大理想。

4. 个人理想信念

学生的个人理想是学生对自己生命活动的规划，是建立在现实基础上的、符合社会发展规律的、有实现可能的对个人未来发展目标的设计和想象。个人理想的确立要求个体必须认识到人类社会发展规律，深刻认识到自身发展状况和社会对个人提出的要求，清醒地认识自身发展需要。大学生有小学、初中、高中阶段知识的积累，对社会发展规律和自身发展要求已形成一定认识，具备了确立符合社会发展要求的个人理想的条件。因此，教师要引导学生深入思考自己的需求和兴趣，进一步明确社会发展趋势，尽早确立个人理想，并能为这一理想的实现而不懈努力，形成坚定的信念。中华民族的伟大复兴需要几代人的不懈努力，而理想信念就是指引一代又一代人前进的明灯。因此，高校思想政治教育必须高度重视大学生理想信念的确立。马克思主义信念的确立是大学生正确世界观、人生观、价值观的反映，中国特色社会主义共同理想的确立是大学生正确认识社会主义初级阶段、积极投身社会主义现代化强国建设的表现和动力，共产主义远大理想是大学生崇高政治理想的最高表现，个人理想信念的确立和实践是社会理想的有力支撑和具体体现。

（三）道德规范教育

道德规范教育是十分重要的，其教育内容不仅会涉及自身与他人之间的关系，还会影响个人和社会以及与国家和自然环境之间的关系。对学生进行道德素质的培养能够使思想政治教育工作的开展更加有效，其也是社会主义精神文明建设的基础，会直接影响到国家未来的发展。自我国改革开放以来，社会生活的各个领域都产生了剧烈的变化，不同的利益关系、价值观念、文化思想开始大量涌入我国，而这些内容对学生自身的道德品质会产生一定影响。面对新时代的挑战，教师既要保持正确的思想观念开展教育工作，又要及时对教学内容进行创新，确保能够取得实际的教学成效。针对学生的道德规范教育工作由以下内容构成。

1. 加强对学生价值观和原则的教育

要求学生树立以人民为根本、以服务人民为核心的价值观，将集体主义作为根本原则，以诚实守信为道德建设模范，引导学生能够自主遵守道德规范，提升自身的道德素养，能够在社会生活中运用社会主义的道德规范来约束自己的日常行为。

2. 进行劳动与职业规范教育

大学生毕业之后就会步入社会参加工作，这既需要大学生掌握良好的技能与知识，还需要其具有良好的工作责任心。因此，在教育工作中需要对大学生进行劳动就业指导，使大学生能够树立正确的劳动观念与工作责任感。社会主义市场经济需要人们在社会中具有科学、民主、团结、自立的相关思想道德精神，它需要每一个人在社会中都要在保持自己利益的情况下考虑到集体的利益。因此，对大学生的培养工作要使大学生意识到权利与义务是相统一的，要学会正确处理合作与竞争、自主与监督等各种关系。除此之外，还要加强对大学生社会道德感、职业道德感、家庭美育等各方面的教育工作，遵守爱国守法、文明诚信、团结友爱、敬业奉献等一些基础的道德要求，使大学生能够在日常行为中遵循基础的行为准则，并且追求更高层次的思想道德标准。

二、主导内容

（一）世界观、人生观、价值观

世界观的含义是人们对世界所存在事物的基础看法，而当前我国学生的世界观教育工作是希望能够让学生在无产阶级世界观的环境下接受教育，主要内容是让学生通过接受教育能够真正懂得辩证唯物主义的相关概念，让学生在日常生活中做到从实际出发并且尊重客观事实，具有实事求是的精神，从而更好地理解实践才是提升认识的唯一渠道，也是检验真理的唯一标准这一观点。按照学生所面临的全新问题不断探究真理，使学生可以运用唯物辩证法的基础含义全面而又客观地看待生活中的各种事物，并且可以针对不同的问题开展不同的分析，善于解决与分析矛盾。打破学生较为片面地看待问题的思维模式，让学生树立正确的历史唯物主义观点，认识到社会发展的相关规律，并且可以真正地明白资本主义社会是必然会被社会主义取代的，社会主义的发展一定会朝着共产主义的方向前进。

人生观属于世界观的一个构成部分，会受到世界观的影响。人生观主要会在人生目标以及态度和价值几个方面表现出来。我国当代学生的人生观教育是为了让学生更好地理解共产主义人生观。

价值观是指一个人对客观事物和自身行为的作用以及过程的最终评价，也是人们明辨是非从而对自身行为产生影响的一个准则，它能够对人的行为产生影响，使人的行为拥有稳定的倾向性。人生的价值和意义在于对社会所尽的责任和所做的贡献，人生的最大价值和意义在于努力为人民服务，无私地把自己的一切精力贡献给共产主义事业。当前学生应重点学习和践行“富强、民主、文明、和谐、自由、平等、公正、法治、爱国、敬业、诚信、友善”的社会主义核心价值观，树立尊重自然、顺应自然、保护自然的生态文明理念。

（二）政治意识教育

政治意识教育是由马克思主义基本原理、毛泽东思想和中国特色社会主义理论体系所构成的爱国主义教育，需要学生在思想政治教育过程中着重对知识内容进行系统学习。它紧密结合时代发展，使大学生可以更好地掌握马克思主义的基础观点以及方式，并且学习马克思主义在我国的实际理论成果，也就是毛泽东思想和中国特色社会主义理论体系。加强爱国主义教育，提升对自己国家与民族的认同感，是每个学生都应具备的最基本的公民意识和品质，包括了解中国基本国情，树立和弘扬以爱国主义为核心的伟大民族精神等内容。培养共产主义事业新一代的接班人应加强党的基本知识、共青团基本知识的教育，切实地对学生进行形势与政策的教育，使他们了解在社会主义现代化强国建设过程中取得的伟大成就和遇到的困难，以便认清形势，明确奋斗目标，增强前进的信心，更好地团结在党中央的周围。

（三）法治教育

提升学生的法治素养是我国高校进行法治教育的重中之重。在高校思想政治教育过程中应积极提升学生的法治素养，早日实现我国依法治国的目标。

1. 将法治意识的培养作为提升法治素养的起点

提升学生的法治素养需要以培养法治意识为前提和基础。如果缺乏高度自觉的法治意识，那么提升法治素养也无从谈起。因此，进入新时代，高校思想政治教育应当向学生传授和普及法治知识，使其具有法治意识，进而提升其法治素养。

2. 将法治思维的锻炼作为提升法治素养的关键

锻炼学生的法治思维是提升其政治素养的核心。学生基于法治意识并运用法律武器来分析和解决问题，即为法治思维。对个体而言，拥有法治意识并不意味着形成了法治思维，法治思维与法治意识之间存在一定的距离，需要个体在形成法治意识后从事相关法治实践活动，并从中体现出来。因此，要使学生逐步形成法治思维，高校应在指定时间开展多样性的法治主题活动，让学生可以在实践中运用自身所学，进而形成良好的法治思维。

3. 将法治精神的塑造作为提升法治素养的根本

提升学生法治素养的根本在于塑造法治精神。培养法治意识旨在让学生了解法治的基本内容；培养法治思维是为了让学生在日常生活和工作中对所学的法治知识进行利用；塑造法治精神是为了让学生从理念上认同法治提出的理想目标和精神信念。高校应在遵守规章制度的基础上将法治精神在各个方面和环节中体现出来，特别是要体现在高校制度的制定和运行上。此外，法治精神还具有提升教师团队政治素养和营造良好校园氛围等作用。

（四）实践教育

在加强高校思想政治教育内容创新方面，实践教育发挥了极为重要的作用。作为一种教育活动，思想政治教育的主要功能是改造人们的主观世界，并促使人们对客观世界进行改造。

1. 帮助学生形成科学的实践观

人们在现实生活中形成观念需要积累一定的知识，而更重要的是能够在对知识进行深入反思后产生信念和情感。因此，形成科学的实践观必须按照观念发展规律进行，需经过实践这一重要环节。在新时代背景下，高校思想政治教育应坚守马克思主义实践观的核心地位，采用科学的方法和方式，为学生奠定坚实的科学实践观基础。同时，高校应积极为学生搭建多样化的实践平台，引导他们在实践中实现知行合一，以行动来深化对知识的理解和应用，从而为他们形成科学的实践观做好充分的准备。

2. 构建高效运转的实践育人体系

一方面，高校需要设计形式多样、内容广泛、科学合理的实践育人目标，从而建立起全方位的实践育人目标体系。另一方面，为了满足学生德、智、体、美、劳全面发展的需要，高校必须建立起层次丰富的实践资源体系，加强管理，提高管理效率；同时，进一步强化物质保障、组织管理，采用科学的考评制度，最大限度地发挥实践育人的作用。在理念方面支撑实践育人体系的是目标体系，在内容方面支撑实践育人体系的是资源体系，在制度方面支撑实践育人体系的是管理体系。这三大体系相辅相成、互相支持，是确保实践育人体系高效运转的重要力量。

三、拓展内容

（一）心理健康教育

加强当代思想政治教育内容创新需要建立在心理健康教育之上，必须促使当代学生养成健康的心态，给予其更多的人文关怀，开创高校稳定团结的局面，从而确立我国现代高校心理健康教育的目标。

1. 建立健全心理育人质量提升体系

《高校思想政治工作质量提升工程实施纲要》于 2017 年 12 月正式印发，该实施纲要提出高校必须建立健全心理育人质量提升体系，所有高校都必须严格践行这一目标。首先，高校应当开创全新的心理健康教育工作格局，将教育教学、实践活动、咨询服务及平台保障等作为核心内容。其次，高校应当从自身的实际状况出发，以满足学生的心理健康需求为目的，采用全新的方式积极开展心理健康教育。再次，高校必须做到与时俱进、不断创新，构建全新的学生心理健康教育课程体系，持续提升学生心理健康水平。最后，高校应当加强人才队伍建设，不断提高教师队伍的政治素养、工作水平和业务能力。

2. 培养学生健康向上的心理意志

在新时代背景下，高校在开展心理健康教育的过程中需要培养学生健康向上的心理意志，具体应做到以下几点：首先，为学生提供帮助，使学生从思想上重视心理健康，学会一些调节心理的健康知识，使自己的心理适应能力不断提高；其次，培养学生的坚强意志，激发学生的斗志，使其为了实现幸福生活而努力奋斗；再次，敦促学生积极进取、奋发向上，在新时代的浪潮中踏浪前行、披荆斩棘；最后，助力学生不断提高自己的心理素质，使学生正确对待人生的成败，即便受到挫折也要迎难而上，在逆境中锤炼坚强的意志。

（二）创新创业教育

创新创业教育作为一种实用教育，越来越多地被提及和重视，并成为高校思想政治教育的新内容。它主要以培养具有创业基本素质和开创型个性的人才为目标，重点在于培育学生的创业意识、创业精神、创新创业能力，其主要包含社会意识培养、学生能力提升、加深对社会环境的认知、加强实践模拟四个方面的内容。

1. 社会意识培养

社会意识培养是指激发学生的创新思维和创业热忱，使学生深入了解创新型人才的核心素质，包括创新思维、解决问题的能力等；同时，向学生介绍创业的基本概念、核心要素以及独有特征，帮助他们掌握开展创业活动所必需的基础知识和实用技能，为未来的职业发展和社会创新奠定坚实基础。学生要开展创新创业活动，就必须学习这些基本知识，只有充分了解了创业相关的要素，做足了创业的功课，才能少走弯路。

2. 学生能力提升

创新创业教育可以帮助学生提升各种能力。学生通过了解创业的各种必备条件，掌握创业过程所需要的技能，可以不断提高思维能力，锻炼沟通协调能力，也可以提升管理决策能力和领导能力，这样有利于其在步入社会之后独立创业。

3. 加深对社会环境的认知

高校通过开展创新创业教育可以引导学生认识当今企业及行业环境，了解创业机会，把握创业风险，掌握商业模式的开发过程、设计策略及技巧等。当前高校思想政治教育不仅要引导学生正确处理学习和生活的关系，还要引导他们加深对社会环境的认知。学生毕业后如果想要创业，就必须认识整个社会的市场经济环境，清楚掌握创业所带来的风险和压力，而不能肆意创新、盲目创业。

4. 加强实践模拟

鼓励学生撰写详尽的创业计划书和模拟真实的创业实践活动，以深入体验创业准备的每一个关键步骤。这些步骤包括但不限于对创业市场的全面评估、创业资金的筹集策略、企业的设立流程以及风险管理的有效方法等。真正的创新创业需要投入大量的人力、物力去运作，而通过实践模拟可以让学生初步认识如何解决资金和人力的问题，可以让学生试着体验创业的整个过程。

第五节　高校思想政治教育的价值

在高校思想政治教育的实践与认知过程中，主体会建立起一种基于自身尺度的客观的主客体关系。这种关系衡量的是高校思想政治教育的存在及其本质属性是否与主体的本性、目的和需求相符合、相契合或相近似。它反映了思想政治教育活动是否能满足主体的内在需求和期望，进而实现其教育的目标。在教育实践活动中，这种关系对学生的发展起到了一定的作用，在社会关系中对人类社会的发展与进步呈现出一种积极的作用。

在不同的依据下，高校思想政治教育价值呈现多样性，涵盖多种类型。其中，以不同的主体属性为依据，可将其划分为社会价值、集体价值和个体价值。

一、社会价值

（一）高校思想政治教育的社会价值内容

关于高校思想政治教育的社会价值所包含的内容，目前整个学术界并没有达成一致。有的学者认为其内容主要包括经济价值、政治价值、文化价值和生态价值；也有学者认为其内容主要体现在保障物质文明建设、推进政治文明建设、促进精神文明建设和推动生态文明建设上。[①] 以上学者的观点很明显地将作用的具体社会领域作为分类的依据，凸显在社会领域思想政治教育对各个主体需求的满足。从其内容的结构来看，可以说完全是无差异的，只是在表达方式上出现了差异。另有学者认为，思想政治教育具有维系社会生存、推动社会发展、实现社会管理的价值，而社会价值则表现为两个文明建设的根本保证、社会治理的重要手段、塑造人格的主导力量。[②] 以上两个观点的表述更倾向于给其社会功能和作用做出解释，而并非给社会价值下定义，它们更多的是在凸显思想政治教育对维护社会稳定和促进社会发展的意义和作用。也有学者认为，思想政治教育具有整合社会思想、引领主流价值、疏导社会心理、规范社会行为、协调社会关系、维护社会稳定等价值。[③] 显而易见，这是从社会治理的角度对思想政治教育的作用做了结构较为完整的阐述，补充并完善了之前所忽略的中观层面的社会需求。

（二）高校思想政治教育的社会价值特征

一方面，高校思想政治教育的社会价值具有激励性的特征，包括目标和情感的激励，即可以以社会发展目标带动社会成员，也可以通过某一感性因素对社会成员进行鼓舞，使其团结在共产主义目标的旗帜下，从内心认可变为主动参与到建设中国特色社会主义的伟大实践当中，再进一步演变成为中国特色社会主义伟大事业而终生奋斗。另一方面，高校思想政治教育的社会价值还表现在物质价值和精神价值方面，它拥有这两者的双重特性，并且能够实现两者之间的相互转化，但只有经历复杂的实践后才可以将精神价值真正转化为物质价值，实现物质价值与精神价值的统一。例如，当社会成员拥有较强的主人翁精神和历史责任感、使

① 曹爱平．论社会主义政治文明建设 [J]. 辽宁教育行政学院学报，2006（7）：136-137.
② 李合亮．关于思想政治教育社会价值与个人价值的深层认识 [J]. 探索，2010（1）：115-119.
③ 蔡如军，金林南．试论现代社会的思想政治教育治理 [J]. 思想理论教育，2018（1）：54-59.

命感并以此指导实践时，其实践的结果多半是正向的、积极的，这代表精神价值转化为物质价值的成功，而思想政治教育社会价值的精神价值也需要通过实践才能变成有利于社会发展的物质价值。

二、集体价值

在现实生活中，人们并非孤立地生活在社会中，而是作为集体的一员，通过集体的形式与社会紧密相连。当谈及思想政治教育的集体价值时，其核心在于以思想政治教育的功能满足由众多成员构成的集合体的发展需求，构建起一种效益关系。这种集体价值如同桥梁和中介，不仅连接着社会价值与个体价值，还在两者之间起着承上启下的关键作用。它深刻地影响着社会价值的传递与实现，同时也促进着个体价值的形成与发展。

高校思想政治教育的集体价值主要体现在以下三个方面。

（一）有助于形成正确的积极的集体心理

经过对集体成员意识形态的深入研究，致力于探寻其实践行为的根源、演变和逐步成长的过程。在此过程中，应着重调整并规范集体成员可能存在的心理偏差与动机，通过逐步引导，使他们的心理发展朝着积极、健康的方向前进，最终形成稳固且正确的意识形态和思想观念。在整个规范集体成员心理发展的过程中，始终坚持崇尚一个共同、积极的追求目标，以保持集体的凝聚力和向上的心理动力。经历一系列的调整和适应，最终构建一个拥有正确、积极的集体心理的团队，共同为实现目标而努力。

（二）促成和巩固集体团结

形成正确、积极的集体心理的最终目的是将个人目标与行为融入集体目标与行为中，主要表现在每一个个体可以明确自身需求，并可以通过多种渠道对自己的需求进行表达，同时也可以了解其他个体的需求，从而使矛盾得到有效解决。通过有意识的引导，集体中的成员可以正确认识到个体与集体间的联系，认识到个人是需要借助集体这一重要平台才可以实现自我价值的现实处境，认识到两者之间是互相具有义务的，具体表现为个人要自觉维护集体利益，集体也要尽力对个人利益进行保障。另外，集体中的成员在自觉将集体目标与个体目标相融合时，要充分认识目标存在的合理性，努力为实现共同的集体目标而持续奋斗。

（三）构筑健康向上的集体文化

文化是思想观念的最高形态。集体价值信念的教育旨在为人们的行为准则注入共同的价值信念共识，同时深化人们对集体价值信念的理解和认同，提升人们的觉悟水平。在教育过程中，通过各种方式的宣传，可以引导集体中的成员清醒地认识到错误信息、负面信息的危害，高度警惕错误信息和负面信息；同时对其产生的根源认真分析，以及思考如何抵制各种错误、消极的价值观念等。

例如，在对社会主义核心价值观进行培育和践行的过程中，由于集体中成员的个体差异性、劳动实践的差异性，产生的思想认知可能也会存在差异，对一些问题的价值认知也会出现不一致的现象。然而，通过制度和文化的力量，可以广泛凝聚不同集体的价值共识，将社会主义核心价值观内化于集体中成员的内心认知、外化于集体中成员的实践行为，实现个体价值观与社会主义核心价值观的契合，进而统一思想、形成合力，协同攻坚克难，实现个人、社会、集体的高度统一。

三、个体价值

（一）高校思想政治教育个体价值的内涵

高校思想政治教育个体价值的核心在于其对个体发展的深远意义。它主要体现在对个人成长的积极推动上，包括对个人意识形态的塑造、政治观念的培育以及思维意识的健全和完善。该教育过程旨在促进个体的全面发展，使学生具备更高的综合素质，进而实现个体价值的最大化。在高校环境中，思想政治教育的个体价值进一步体现在教育实践活动对学生群体发展的实际效果和积极影响方面，能够为学生的全面成长提供坚实的思想基础和动力支持。这主要表现在以下方面：一方面，个体不断向政治社会化倾斜，以满足政治社会化需要；另一方面，学生个体精神需求得到满足，自我认知水平和实践能力逐步提升，逐渐实现个体全面发展。换句话说，通过主旋律的教育实践活动，学生能够对正确的信息进行捕捉，将所包含的思想、道德、观念等内容转化为自身的某种心理结构，养成良好的行为习惯，与他人进行良好的交往，建构自己的精神领地，从而形成坚定的政治信念，逐步实现政治社会化。

（二）高校思想政治教育个体价值的理论来源

1. 以人为本的思想

高校思想政治教育强调将人作为研究的主体，通过规范的教学内容和科学的教育方法来实现人的成长推进。高校开展思想政治教育实践活动以马克思主义关于人的本质理论为理论根源，努力完成立德树人的根本任务，对学生进行实践教育活动，提升学生在整个过程中的认同感和参与度，适当关注学生的特殊要求和条件，并有效协调处理，不断鼓励和刺激学生发挥主观能动性，从而实现个体的发展。

2. 人的全面发展理论

人的全面发展理论以人为核心研究对象，其核心内涵涵盖了社会关系、个人需求、能力以及个性的全面、整体、综合发展，具体体现在以下几个方面。首先，人应积极参与社会交往，从中汲取政治、经济、文化等多领域的知识与信息，以此丰富个人阅历，更新旧观念，拓宽视野，进而实现社会关系的全面、整体、综合发展。其次，个人的基本需求应得到有效满足，包括维持生命的生存性需求、追求精神满足的享受性需求，以及寻求自我实现的发展性需求。这些需求的满足是个人全面发展的基础。再次，个人应通过社会劳动实践，以及后天的学习、实践和练习，使自身的体力、智力等精神生产力得到全面、充分的发展。最后，个人的独特个性、认识自然和改造自然的自觉能动性、对现实超越和突破的创造性，以及自我体现与控制的自主性，应在参与社会关系活动中得到充分展现和培养。

3. 马克思主义的需要理论

马克思主义认为，人的需要作为人们从事生产劳动活动的动因和最终目的，是衡量社会经济发展的最高标准。人们的需求会在社会发展进程中不断提升且交替出现，因此也可以通过劳动和实践推动自身需求向多样化发展。旧需要的持续满足和新需要的持续产生使得人们不断通过实践对自身的生存方式进行改进，基于自身需要的满足不断改造世界、改变自身现状。如此循环往复，人们能够认清内在需要和现实情况的联系，从而不断对自身行为进行规范，更好地实现个人价值目标。

（三）高校思想政治教育个体价值的实现途径

在开展思想政治教育的实践过程中，要重视、培养学生作为独立个体的价值，以实现人的自由全面发展。学生个体价值的实现途径有以下四种。

1. 加强思想政治引领

高校思想政治教育应引导学生将个人理想信念与国家的命运、民族的未来以及实际的发展紧密结合起来。在教育实践中，应密切关注每个学生的个体价值需求，并据此开展有针对性的教育实践活动。提升学生的思想理论水平、政治素养、道德品质和文化水平，可以促进学生个体在自由、全面、协调的发展道路上不断前进。当前，学生除了在学习、生活和交友等方面需要得到关怀和指导外，还需要在心理困惑、职业生涯规划以及未来发展方向等方面得到专业的疏导和指引。因此，教师在教育实践中应将思想政治教育与满足学生“急难愁盼”的实际需求紧密结合，从解决实际问题出发，为学生提供全方位的帮助和支持。通过这样的方式，不仅可以帮助学生缓解来自各方面的压力，还能促进他们在更高层面上的个体需求得到满足。

2. 革新思想政治教育方法

革新思想政治教育方法应不断充实理论内容，完善教育体系，并探索更多元的实现途径。在教育实践中，自觉地将个体价值融入其中，通过结合传统的理论传授与实践教育，来提高学生的实践能力和解决问题的能力，使学生树立正确的认知，并充分发挥他们的主观能动性，进而实现个体的自我管理教育。例如，在家庭经济困难学生的认定工作中，可以创新方法，增加多种载体和形式；通过多元化的教育活动，可以为家庭经济困难学生提供全方位的支持和教育，帮助他们克服困难，提升其自我管理能力，实现其个人价值的最大化。

3. 重视学生的心理健康教育

高校思想政治教育可以通过心理咨询、谈心谈话、专题讲座等方式开展心理健康教育活动，满足学生的精神需求。随着社会的迅猛发展，越来越多的学生不断涌现出对生命的价值困惑、对生活方式的抉择困惑等突出的心理问题和各种心理困惑，价值取向也受到影响。针对开展教育实践过程中出现的学生心理健康教育问题，除了需要专业心理咨询机构来对这一矛盾进行缓解外，高校还应健全工作预警机制，定期筛查、及时了解学生的心理状况，形成学生群体全员覆盖，及时关注存在心理危机的学生个体，并加强交流。针对处于高危心理状态的个体，还要及时有效地对其进行危机干预。

4. 营造良好的思想政治教育环境

在学生入学之初，高校便应开设职业生涯规划类相关课程，通过这些课程帮助学生认识自己、规划未来；同时，积极鼓励学生参与职业生涯规划设计大赛和创新创业比赛等活动，让他们在实践中锻炼能力、明确方向。此外，还应邀请各行各业具有代表性的毕业生回校分享他们的就业经验和心得，通过朋辈教育的方式，让学生更加直观地了解职场，加深对社会的认识。这些分享和讲座不仅能够帮助学生更好地认识世界，还能为他们未来的就业和创业提供宝贵的参考。对于高年级学生，应加强思想政治教育，宣传就业相关政策，引导他们树立正确的就业观和择业观。通过拓宽学生的就业渠道，如提供实习机会、推荐优质企业等，帮助学生缓解就业压力，减少内心焦虑。同时，高校应引导学生正确处理好个人与社会的关系，接纳自己因为即将踏入社会而产生的各种心理状态，如不自信、彷徨、恐惧、逃避等。

高校思想政治教育旨在完成立德树人的根本任务，时刻“以生为本”，在提高学生认识世界和改造世界的能力的同时，注重学生正确思想意识形态的形成；引导学生树立理想信念和使命担当，在满足物质需求和丰富精神内涵的实践中，实现个体价值。

第三章 大数据背景下高校思想政治教育面临的机遇与挑战

大数据以其海量、多样等特点正在深刻影响着社会的各个领域，包括教育领域。高校思想政治教育作为高等教育的重要组成部分，更应当积极面对大数据时代的挑战，主动借助大数据技术的优势不断创新和改进高校思想政治教育的内容、形式和方法，以更好地适应当代学生的成长与发展特点。本章主要围绕大数据背景下高校思想政治教育面临的机遇与挑战展开研究，旨在为高校思想政治教育的现代化发展提供新的视角和思路。

第一节 大数据背景下高校思想政治教育面临的机遇

一、具体教育工作方面面临的机遇

（一）高校思想政治教育内容形式越发丰富

思想政治教育内容是高校思想政治教育的核心组成部分。大数据技术给高校思想政治教育带来的改变在教育内容方面体现得十分明显。具体来讲，它促使高校思想政治教育内容更加开放、科学、系统和全面。

1. 内容的多样性与贴近生活性增强

高校思想政治教育应当紧密结合当代社会思潮及学生思想观念的变化，联系课堂内外，综合开展教育实践活动，满足高校思想政治教育主体的发展需求。对教育主体而言，他们可以利用大数据技术掌握最全面的信息，获取最前沿的理论知识，吸收各种优秀教育资源，尤其是在案例教学中，教育主体借助网络能广泛涉猎各种社会宣传资源，提高高校思想政治教育的贴近生活性、真实感，使得高校思想政治教育更接地气，既丰富了教师授课内容，又使学生的思想与价值观念受到洗礼，使其真正感受到核心价值观的魅力，从而提高了教学质量。

此外，对学生而言，大数据技术同样丰富了其接收的内容。学生不仅能利用大数据技术达到搜索、查询、获取理论知识的目的，还可以利用便捷的网络快速查找资料，开阔眼界、更新观念，利用基于大数据发展的新型媒体平台观看教育视频、参与网络教学活动，直接受益于新媒体。另外，思想政治教育的内容除了围绕主旋律外，还可兼顾高校在校生的学习、生活、就业、家庭等一系列应当引起重视的内容。

2. 内容的趣味性与思想性增强

以往人们对高校思想政治教育有一定的偏见，一提起来便觉得是枯燥的、缺乏生气的，这种认识既有事实的成分，也有误读的原因。其实高校思想政治教育完全可以变得开放和有趣味，教师除了传授基础的理论知识外，还可以挖掘符合时代潮流，契合社会新思想、新风尚的各种教育资源，以学生和年轻人喜欢的方式呈现出来，让思想政治教育变得更具趣味性。

大数据技术的进步使得教育资源的呈现方式发生了翻天覆地的变化，不再局限于传统纸质教材、文字等样式，短视频、图片等形式让其呈现得更加直观、清晰，富有趣味性，便于学生群体接受。此外，教育内容也几乎可以包含所有教育板块，小到生活细节中的传统美德，大到个人价值观的塑造，甚至民族前程与复兴等关乎国家命运的重大问题，都是富有思想性的优秀素材。大数据技术推动了集趣味性和思想性于一体的教育资源最佳承载方式的发展。

3. 内容的议题性与引导性增强

将舆论事件纳入高校思想政治教育体系，作为教育议题的重要组成部分，是大数据带来的又一影响。这里所说的舆论事件是指社会上发生的影响深远、引起公众广泛讨论的热点及焦点事件，一般以公共生活事件为主。舆论事件往往具有突发性、传播快、影响大等特点，其中夹杂的各种观点和价值取向也较复杂，对思想尚未成熟的学生会形成一定冲击。消极的、错误的思想倾向甚至会引起高校学生更大的困惑、无助和迷茫，以至于酿成严重后果。很显然，面对错综复杂的舆论形势，舆论热点事件必然成为高校思想政治教育的题中之义。将社会舆论事件纳入高校思想政治教育议题有助于培养学生正确的世界观、人生观和价值观。教师可以对社会舆论事件进行积极引导、主动回应，这不仅可以赢得话语主动权，还是引导学生走出书本、关注现实、关注公众议题的重要途径。通过参与和讨论，那些符合主流价值观的价值原则可以沉淀、内化为学生的思想和价值观念，而违背主流价值观的内容则可以被舍弃。

大数据背景下的高校思想政治教育内容焕发出新面貌。教育内容空前丰富，图文并茂的音视频及影像从形式上创造了轻松、愉悦的教育氛围，兼具趣味性和思想性的教育内容也被广泛挖掘，这些内容既可以激发学生的求知欲望，也可以提升高校思想政治教育的效果。

（二）高校思想政治教育形式得以拓宽

大数据的到来不仅是一场技术革命，还是一场观念转变的革命，大数据技术介入高校思想政治教育成为时代发展的必然趋势，并成为高校思想政治教育的重要载体。传统的高校思想政治教育主要采取面对面的形式，依托思想理论课、主题报告、社会实践开展。然而，在大数据背景下，高校思想政治教育打破了时间和空间的限制，任何组织和个人都可以利用大数据技术，在任何时间、任何地点采取灵活多样的形式互动交流。在此基础上，高校思想政治教育工作者可以在第一时间了解到学生的思想动态，因材施教，从而使得高校思想政治教育工作能够更加及时、有效、贴切和深入地展开。

（三）高校思想政治教育效果进一步增强

传统的高校思想政治教育工作中，单向灌输在很大程度上影响了学生接受教育的积极性和主动性，如何让师生之间积极地双向互动是开展高校思想政治教育工作的难点之一。大数据时代呈现出的平民化和互动性特点给教师和学生创造了一个轻松愉快、平等交流的环境，这让更多的学生参与其中，更大程度地调动了大家的积极性，拉近了师生之间的距离。在交流过程中，借助大数据技术可将文字、图片、声音、视频等有效结合起来，使教学内容更加形象和直观，给学生带来了强烈的冲击力和震撼力，也使得高校思想政治教育效果进一步增强。

（四）高校思想政治教育全面发展

大数据背景下，教育的理念、思维、内容、方法、环境等都发生了深刻变化，高校思想政治教育作为教育事业的重中之重，自然也需要抓住这些变化带来的发展机遇。大数据背景下开展高校思想政治教育可以利用多样的载体。对于传统的两大高校思想政治教育场域（现实场域和虚拟场域）而言，现实场域中的高校思想政治教育主要凭借的是语言、文字、行为等载体，虚拟场域中的高校思想政治教育则主要凭借的是视频、声音、图片等载体。在大数据背景下，现实场域和虚拟场域中高校思想政治教育载体之间的区隔将会被大数据技术消解甚至融为一体，这就使得高校思想政治教育的载体选择变得更加丰富和灵活多样，就可以根据学生的思想、心理、道德等不同状况进行选择，并且能够以这些载体为依托创新高校思想政治教育的内容、方法、措施等，形成具有大数据特征的高校思想政治教育新模式。

在大数据背景下，教师可以从教育大数据资源库中挖掘高校思想政治教育资源，与学生围绕一些价值观念或者社会事物展开讨论，在讨论过程中实现资源的分享和思想的碰撞，从而帮助学生在启发与互动中建构高校思想政治教育知识体系。在这种双向或多向的教育互动中，教师感受到的是教育形式上的平等、自由，对教育环境的感受也是宽松惬意的，这都有利于教师与学生进行充分的交流和互动，能够使学生的学习自主性和自觉性得到充分尊重，使他们的个性诉求和主体偏好得到最大程度的满足。不仅如此，这种以学生为切入点的教育方式还有助于提高学生分享思想政治观点的积极性，从而有力促进学生正确价值观和良好道德观的形成。

大数据背景下的高校思想政治教育是全时空的，社会、学校、家庭等教育时空被连成一个立体的网络。在这一网络中，高校思想政治教育的时空距离被无限拉近，一切年龄、地域、性别等的差异带来的鸿沟在这一教育网络中不复存在，参与到教育过程中的学生逐渐连为一个整体，平等地进行数据共享。学生与整个社会的联系变得愈加紧密，因而当他们走出校园时就很少会有对社会的不适应感，从而能积极融入社会。

（五）高校思想政治教育的信息化迎来新机遇

大数据背景下，高校思想政治教育的信息化迎来新机遇。各高校纷纷以此为契机建设智慧校园，并且开始进行相配套的大数据建设，以发挥大数据在智慧校园建设中的技术价值。智慧校园不是数字校园的翻版，而是以大数据技术为基础的综合体，建设智慧校园的目的就是要以智能技术、信息技术等为依托，为教师和学生的生活、工作、学习以及学校的管理等提供智能化、精准化的服务。

推进智慧校园建设强调将各种先进的传感器嵌入学校各系统，如水电系统、楼宇系统、校园交通系统、后勤管理系统等，可利用物联网将这些传感器连为一个整体，组成一个服务系统。而后，再将已有各系统，如学工系统、电子公务系统、教务系统等整合进这一系统之中，建立起一个全方位、立体式、无死角的数据收集环流系统，并对这些数据进行细分处理和系统分析，而后形成基于数据分析的校园管理新模式，并形成基于数据分析的决策制定新方式。需要注意的是，通过这种方式收集上来的数据往往是非结构化的，面对非结构化数据，只有拥有比较强的数据处理和分析能力才能使数据发挥出最大效能。面对大数据时代的海量教育资源，高校应积极改变以往的资源使用方式，让师生都可以运用大数据资源进行数据挖掘、分析，让大数据平台不仅能够作为数据收集平台，也能够作为数据共享平台。

另外，在此背景下，教师也可以利用大数据的预测功能对自己所要开展的教育工作进行事前评估，从而能够更有针对性地补齐短板和不足。教师还可以运用大数据对课程教学转化为实践的效果进行跟踪，从而及时解决存在的问题。大数据还可以在管理和规范学生的网络行为中发挥作用，可以对学生在网站、社区、论坛等平台的留言等进行评判和分析，对由此反映的学生可能采取的行动进行预判，而后有针对性地采取相应的教育或干预措施，使学生树立正确的价值观，将课堂所学转化为现实行动。

大数据时代之前是样本数据时代，这无疑限制了数据分析的想象力，而在大数据时代，即使是普通的个人，也能够在教育信息化的过程中享受其带来的红利。

（六）高校网络思想政治教育迎来新机遇

所谓高校网络思想政治教育，是指在国家思想政治教育方针的指导下，高校遵从网络场域中思想政治教育的基本规律，为学生打造了网络思想政治教育内容，并帮助学生将这些教育内容转化为道德约束或者实际行动的一种高校思想政治教育形式。大数据与高校网络思想政治教育的结合实际是两者特质相互契合的必然结果。高校网络思想政治教育以其开放性、专业性、多样性和交互性等显著特征，在现代教育领域中占据了重要地位。要真正展现这些特征的魅力和优势，就需要大量的、可共享的教育数据资源作为坚实支撑，而大数据技术的崛起则正好为这一需求提供了强有力的保障。大数据技术所具备的海量数据处理能力、实时分析能力以及精准预测能力使其能够轻松满足高校网络思想政治教育对数据资源的迫切需求。这种天然的契合性让大数据技术成为推动高校网络思想政治教育创新和发展的重要力量。

高校网络思想政治教育对学生基本状况及其相关的数据资源的需求是极为强烈的，大数据的适时出现无疑满足了这种需求。随着教育数据资源库的不断扩大，高校网络思想政治教育的影响力和覆盖范围也越来越大，人们对高校网络思想政治教育的重视程度也不断提高。

此外，大数据与高校网络思想政治教育的结合也有助于为学生营造一个良好的网络环境，使学生在积极正向的网络环境中接受潜移默化的教育。例如，当前很多学校都已经建立了自己的宣传网站或微信公众号，为学生推送了大量的正能量信息，这些举措起到了很好的网络思想政治教育作用，对于促进学生的健康发展也发挥了重要作用。

（七）高校思想政治教育工作决策的科学性不断增强

在追求工作质量与效果的提升过程中，科学决策是至关重要的基石。这是因为决策的科学性直接决定了所采取措施解决问题的效果，进而影响既定目标的达成。大数据技术在这一过程中发挥了关键作用，它通过深入的数据分析，能够对潜在问题进行提前预判，从而为决策提供有力支撑，最终提高教育效果。

在当今时代，大数据成为洞察学生思想行为及其潜在变化的有力工具。教师在大数据的支持下，可以完成对各种数据信息的深入分析，从而准确把握本学科的最新发展动态和近年来的理论研究成果。基于这些分析，教师能够预测学科未来的发展趋势，为备课过程提供有力指导。他们可以在课程中融入更多与我国社会经济现实密切相关的内容，通过采用学生易于接受的教学方法，并收集学生的反馈，推动思想政治教育效果进一步提升。

高校思想政治教育工作决策具有重要的意义。它不仅可以优化教学方法、丰富教学内容，还能为提升教学质量提供强有力的支撑。教师通过深度挖掘和分析学生信息，能够实时追踪学生在特定时期内的思想轨迹，并基于学生的思想动态预测他们未来的行为发展趋势，从而据此展开有针对性的教育。这种教育方法不仅具备前瞻性，还能帮助教师采取必要的预防措施，确保教育效果。大数据的核心在于预测未来发展趋势，而教师则可以通过对学生数据的有效收集和分析，合理预测学生可能的行为走向。这与互联网购物平台利用大数据推荐商品以激发购买欲望的原理相似。当这种大数据分析方法被应用于教育领域时，可以为高校思想政治教育工作决策提供强有力的支持。例如，教师在想要掌握学生思想动态时，可以依托数据信息系统，通过分析学生在图书馆的借阅记录、到课率等数据，来洞察学生一段时间内的思想动态，从而对学生未来的行为趋势做出客观、准确的判断。这样，教师就能够提前与可能存在思想问题的学生进行沟通，了解他们的思想状况，帮助他们缓解压力，纠正不当行为。

二、学生方面面临的机遇

（一）学生思想政治视野得以有效拓宽

大数据时代，学生被海量的数据信息包围。作为极其活跃且易于接受新事物的群体，他们深受环境影响，并在大数据资源中找到了无限可能。此外，学生还能够接触到海量的即时性数据信息，这些信息不仅能够激发他们的学习热情，还能够挖掘他们的内在潜力。与传统的高校思想政治教育方式相比，大数据时代的高校思想政治教育已经突破了时间和空间的限制。学生可以随时随地获取最新、最前沿的信息，这不仅促使他们的思想政治视野得到了极大拓展，还使他们能够更好地适应时代的发展和变化。

首先，在数据信息的浪潮中，时间的界限被彻底打破。无论是肩负教育使命的教师，还是充满好奇与求知欲的学生，每个人的精力都并非无限的，难以同时深刻理解和挖掘过去、现在以及未来的所有知识。过去，受限于数据处理技术，学者在寻求新知识时常常需要向其他同行请教或亲自前往图书馆翻阅厚重的资料；如今，这一切都变得如此便捷，只需轻轻一点，便可以在任何有网络覆盖的地方迅速获取到所需的信息，极大地提高了效率，节省了宝贵的时间。当面临需要深入研究的问题时，线上交流平台更是提供了一个便捷的空间。在这里，所有人都可以自由地发表自己的观点，倾听其他学者的想法，这种跨越时空的交流为学者提供了源源不断的灵感。

其次，数据信息已经突破了空间的限制，为高校思想政治教育带来了巨大的变革。传统的教育模式主要依赖于固定的学校班级授课，但大数据时代已将其与网上学习巧妙结合，形成了线上线下交织互补的教育新模式。课堂不再是学生接受思想政治教育的唯一场所，通过引入大数据的信息挖掘功能，传统课堂延伸到了网络互动平台，这不仅极大增加了高校思想政治教育信息容量，而且为学生打开了一扇更为宽广的视野之窗。线上线下相结合的教育模式使得学生能够更深刻地理解和掌握思想政治教育内容。更值得一提的是，数据信息的收集已经跨越了国界，国外的先进知识与经验也被纳入其中。学生无需踏出国门就可以轻松地获取这些宝贵的信息，进一步丰富他们的知识储备。这种跨界的信息交流有助于激发学生的思维活力，培养他们的创新精神。

最后，大数据时代的到来为学生呈现了一个充满价值的数据世界。它为高校思想政治教育工作提供了前所未有的便利，不仅帮助学生牢固掌握专业理论知识，还促使他们在其他领域拓展能力，实现了个人的全面发展。

（二）学生可以实现自由而全面的发展

实现“每个人自由而全面的发展”，这是马克思勾画的未来共产主义社会的基本特征。[①] 在现阶段，实现每个学生的全面发展也是高校思想政治教育事业追求的重要目标，大数据赋能高校思想政治教育为这一目标的实现提供了巨大的可能和无限的想象空间。大数据时代亦是一个文化繁荣发展的时代，文化的繁荣催生了思维新方式和行为新模式，可以使得人与人之间、人与物之间实现虚实交叠的广泛联系，也可以使个体方便快捷地获取数据资源，无论是何时间、是何地点、是何种资源。

在大数据背景下，学生的思想观念变得更加开放、更加新颖，学生的素质也变得更加全面，学生可以用不同的方式展示一个真实立体的自我，一定意义上满足了他们对精神文化生活的个性化需求。在大数据背景下，学生在学习过程中的主体性也会得到极大释放，互联网、物联网、智能终端、可穿戴设备使得人类的感官和脑力突破了原有物质条件的限制，学生收集、分析和处理信息的能力得到空前提升，与外界环节的互动方式也发生了重大改变。在大数据背景下，信息的传播速度和效率是前所未有的，而学生与外界的交往频率和速度也是空前提升的，学生可以在这一过程中充分发挥自己的想象力、创造力。在大数据背景下，政务网站、信息门户网站、大型数据库资源共享平台、数字图书馆等都是学生了解信息、参与社会公共事务的重要数字渠道，学生可以将获取的各类信息重新进行排列组合和二次共享。

大数据时代，海量的智能终端将所有数据连为一个整体，打破了数据间原有的时空界限，这些数据所共同构成的海量资源能够进一步助力学生认知能力的提升，甚至以大数据特有的方式重新塑造学生的行为模式。大数据对高校思想政治教育最主要的贡献就是使个性化教育成为现实，依托大数据技术就可以针对学生的不同需求提供个性化的教育策略、内容和模式。因此，大数据时代的高校思想政治教育实际上就是以学生为中心、促进学生全面发展的教育，就是通过捕捉和处理学生的思想观念、行为取向等综合数据预判学生所需，进而提供精准配对式的思想政治教育，满足学生的个性化需求的教育。

---

① 黄平，林妙珊．马克思反贫困理论的形成脉络与基本内容：基于人的发展视域 [J]. 云南农业大学学报（社会科学），2021，15（6）：149-157.

第二节　大数据背景下高校思想政治教育面临的挑战

一、出现泛互联网化问题

在当今信息化高速发展的时代，大数据和互联网已成为推动社会进步和经济发展的两大重要力量。大数据技术的迅猛发展和互联网的广泛普及不仅深刻地改变了人们的生活方式和工作模式，还催生了一系列新的产业形态和商业模式。然而，在这一背景下，泛互联网化问题也逐渐显现，成为人们不得不面对的重要课题。具体而言，泛互联网化问题主要是指各种设备、系统和应用程序通过互联网互相连接形成一个庞大的网络，从而导致了数据的跨界共享和流动，使得数据的规模进一步扩大、复杂性进一步增加。在泛互联网化的浪潮下，学生能够随时随地通过各类应用软件轻松接入网络，享受便捷的数据信息服务，但总体来讲，大数据背景下出现的泛互联网化问题也给高校思想政治教育带来了前所未有的挑战。它不仅解构了学生原有的认知，还深刻改变了他们的认知内容和方式，使得部分学生的价值观、学习和工作时间以及认同主流意识形态的能力受到了一定程度的影响。在这一背景下，学生的行为模式也呈现出了新的特点。他们的行为变得更加简捷、快速、低成本，但同时也更容易表现出随意、盲目和非理性的特点。

（一）学生的认知解构

在大数据的汹涌浪潮中，尤其是全球信息化所引发的多元价值观和社会意识形态的涌入，使得传统的、相对统一的主流观念正遭受前所未有的冲击。面对网络信息和数据信息汹涌而来的现实，部分学生的思想政治认知受到了一定程度的冲击，他们之前所构建的思想政治认知体系开始动摇。网络为学生带来了海量的信息和经验，但在网络信息传递的过程中，各种价值观交织混杂，而网络媒体在传播过程中又常常采用夸张和泛化的手法进行信息加工，这使得学生所接触到的信息尽管看似真实，但往往十分具有迷惑性，真假交织。因此，学生在辨识这些信息时，往往面临巨大的困难和挑战。

在大数据时代，网络空间以其独特的虚拟性展现出其内容的极大随意性、暂时性和个性化。随着信息社会的迅猛发展，传统思想政治教育在大数据时代的影响力逐渐减弱，其育人效果变得不再那么显著。因此，在虚拟社会中，传统的育人观念逐渐失去了其原有的感染力，传统的思想政治教育方式也较难吸引学生的目光，其教育效果也变得不那么有说服力。借助大数据技术和网络空间的数据共享平台各种信息在网络世界中迅速扩散，导致学生接触的标准日益多元化，他们形成的认知也因此变得更为碎片化，他们遵守的准则也变得更为个性化。

在传统社会中，由于文化、地域、民族等因素的差异，人们形成的观念往往相对独立且各具特色。然而，在大数据时代的浪潮下，这些观念频繁碰撞、交融，为学生带来了前所未有的丰富信息。在这个过程中，学生的自我意识不断被激发和强化。在传统观念中，许多条目被视为正统，其中部分可能因过于保守或局限而阻碍了个人的发展。然而，随着时代的进步，这些束缚性的条目逐渐被学生摒弃，取而代之的是个体本位的见解，他们更加注重个体的成长、选择。这种变化在思想政治教育领域尤为明显。传统的思想政治教育往往侧重于宏观的社会视角，强调社会整体的利益和发展，但在大数据时代，学生不仅关注社会整体的发展也更加关注微观的个体发展。

（二）部分学生的价值观失衡

马克思主义强调，物质决定意识，意识是对物质的反映。当前，建立在大数据等先进技术基础之上的融媒环境是学生所处的客观世界；互联网技术及其各种终端设备是当今世界主要的生产和生活方式载体，是包括学生在内的所有人都无法回避和否认的客观实际。从马克思主义认识论来看，实践是认识的基础、认识的来源、认识发展的动力。当前，对于学生来说最主要的实践就是学习，互联网成为学生认识世界的主要工具和媒介，可以说学生的很多认识就来源于网络生活实践，并由具体的网络生活实践所决定。因此，无论是从马克思主义辩证唯物法，还是辩证唯物主义认识论出发，都要重视互联网这一人类重要的生产和生活工具及其所构造的世界对学生思想认识的决定性影响。从某种意义上来讲，在大数据时代，谁掌握了主导权，谁就掌握了舆论权。

无论是作为工作人员在工作单位，还是作为学生在学校，都是在熟悉的环境中工作、学习和生活，即现实生活在很大程度上是一个“熟人”社会。在互联网环境中，由于可以匿名，互联网更像是一个“陌生人”社会。对于学生而言，在日常的社交媒体上难免会遇见一些虚假、负面、消极、不健康的信息。例如，一些原本正常的信息经某些别有用心的人加工处理、歪曲捏造之后在互联网上传播也会误导大众。可见，借助大数据和互联网，学生会接触到庞大且复杂的数据信息，而其中那些虚假、消极的信息往往会对一些学生的价值观造成一定程度的负面影响，导致部分学生的价值观失衡。

（三）网络娱乐挤压学习、工作时间

随着社会竞争的加剧，包括广大青年学生在内的现代人，正承受着工作、学习和生活的种种压力。互联网因其丰富的内容，成为现代人放松自我、缓解压力、调整心理的重要渠道。然而，当下很多网民在互联网上的娱乐时间已经超过正常的需求，处于过度娱乐、信息过载的阶段，从而妨碍了正常的休息、交往、运动、学习等。

在大数据的浪潮下，网络音乐、视频、直播等在学生中有极高的热度，他们在娱乐方面的网络使用率显著领先于其他人群，这充分彰显了学生对网络娱乐的浓厚兴趣。然而，如果这种娱乐活动的参与超过了一定的限度，就可能挤压学生原本用于学习、工作的时间，对其学业和个人成长造成不利影响。

（四）学生认同主流意识形态的能力受到干扰

随着大数据技术的广泛应用，在此基础上发展起来的新媒体平台让越来越多的人拥有了思想政治教育话语、塑造社会价值观念的机会。互联网上各种信息纷至沓来，各种观点你来我往，不同价值观在网络上交织。在网络生活多元价值观冲击下，有的学生对某种观点盲目崇拜，有的学生在种种价值观中无所适从、不知所措，最终导致学生认同主流意识形态的能力受到干扰。

（五）学生的行为发生变化

大数据时代，虚拟世界的数字化和符号化特征深刻影响着学生的行为模式，导致一些异变现象的出现。网络传播的双向互动与无中心特性使得信息传播呈现“泛化”和“碎片化”的态势。在网络平台上，学生能够借助便捷的工具高效、快速地实施各种行为，且成本较低。由于网络社会的匿名性，学生在享受这种便利的同时，责任意识也在无形中减弱。在缺乏理性引导的情况下，情感驱动的行为往往带有随意性和盲目性，这不仅促使学生行为的发生频率进一步提高，而且这些行为还能迅速在网络中传播开来，形成集体性的参与。这种参与既有正面的推动力，也不乏负面的影响力，这无疑使得学生在识别和判断行为时面临更大的难度，也为不负责任的行为提供了土壤，可能会给学生个人和社会带来潜在的危害。

对于学生而言，网络为他们提供了更为自由的情感表达和行为实施平台，受到的外部阻力相对较小。在网络中，他们的行为更多依赖个人的内省和自律来进行自我监督和约束。然而，如果缺乏善意和正确的行为准则，这种基于网络的自由交汇可能会阻碍大数据背景下高校思想政治教育的发展。

二、教师地位受到影响

随着大数据信息技术的飞速发展，人类的生存与交往模式正经历着前所未有的变革。在这个“计算无处不在”的时代，它不仅关乎计算机本身，更深远地影响着人们的生活方式和决策过程。在高校思想政治教育领域，大数据时代的网络虚拟特性对高校教师的影响尤为显著，导致教育主体的非主体化现象日益凸显，教师的传统权威地位受到影响。

（一）教育和接受的非对称性

学生的接受行为本质上是一种具有选择性的认知活动。尽管教师的思想政治态度与认知可以激发学生产生共鸣，引导他们形成相似的体验与要求，但这一过程并非简单的知识传递，无法确保学生完全接受教师所传授的内容。在大数据时代，社会开放程度不断提升，文化也由一元主导向多元发展转变。这种转变使得传统思想政治教育中教师“灌输”与学生接受之间的平衡与对称关系逐渐瓦解。

过去，在相对封闭和一元化的社会背景下，传统的“灌输法”在思想政治教育中并未引起师生的异议，因为学生在教育资源有限的情况下没有太多的选择余地，教师的教育与学生的接受呈现出一种天然的“对称状态”。在这种模式下，教师作为传统教育的实施者，其权威性对于维持教育与接受的对称关系至关重要。然而，随着大数据时代的到来，信息获取的渠道和方式日益多样化，教师的权威地位面临挑战，而当教师的权威地位受到挑战和逐渐消解时，教育与接受的非对称性就不可避免地成为常态。

（二）教师作为知识垄断者的地位被打破

在传统教育模式下，教师无疑是知识的核心传播者，也是知识的先驱和守护者。这种“尊师重教”的传统美德在中华民族的认知中根深蒂固，那句“一日为师，终身为父”的古训更是体现了教师在社会文化中不可撼动的崇高地位。这种地位源于当时的社会经济和文化背景，那时教育资源稀缺，教师作为知识传递的桥梁，是学生获取知识的主要甚至是唯一途径。然而，随着大数据技术的飞速发展，教育逐渐走向普及化，知识形式也逐渐呈现出明显的数据化、信息化和网络化特征。这样的变化使得教师对于知识的垄断地位逐渐减弱。

在知识的广度和深度上，现代科技和网络社会提供了海量的资源，远远超出了教师个人的能力范围，特别是在当今这个经济、文化、教育蓬勃发展的时代，学生获取知识的途径也是愈发多样化。社会办学、出国留学、特长培训等多种教育形式层出不穷，尤其是近年来大规模在线教育、机器学习、深度学习等新兴教育模式的涌现，为学生提供了更为广阔的学习空间。在这样的背景下，学生获取知识的渠道异常丰富，教师传授的知识只是其中的一部分。

（三）教师权威者地位的颠覆

在传统社会，教师作为知识的传播者，自然而然地成为学生心中的权威象征。然而，随着经济全球化、文化多元化、信息网络化的飞速发展，这一传统观念正面临前所未有的挑战。在网络与传统价值观的碰撞下，学生对于教师角色的认知开始发生微妙的变化。过去，教师以知识渊博、诲人不倦、德高望重的形象深入人心。过去那种以教师为中心的一元化评判标准所形成的自然对称关系如今已经开始有所动摇。如今的学生更倾向于追求新鲜、独特的事物，他们不再像过去那样无条件地接受教师的评价标准，这使得建立以教师为主导的评价氛围变得越发困难。这种变化有可能导致学生对教师的信任和尊重逐渐减弱，甚至可能改变他们对教师评判的重视程度。

当前，一部分学生主张尊重每个人的选择和行为方式，认为只要不对别人进行负面评价就是体现了“多元”的包容性。这种趋势导致的结果是当代学生越来越强调个人特色，他们不再像以前那样过分在意教师的评价和看法。这种变化使得教师在学生心中的权威者地位逐渐减弱，学生开始更多地基于自己的判断和价值观来行事。

三、学校教育功能衰减

人才培养、科学研究、社会服务以及文化传承创新共同构成了当今高等学校的核心功能和作用。回望历史，无论是东西方教育的演进，还是历代思想家、教育家对教育重要性的深刻论述，都无可辩驳地证明了学校教育的核心地位。然而，随着大数据时代的来临，这一局面正经历着前所未有的变革，思想政治教育的功能在这一浪潮中开始发生变化。这种变化不仅导致思想政治教育在学校中地位的相对衰落，还在一定程度上影响了其应有作用的发挥。

在大数据时代，信息以通俗易懂的方式迅速通过网络通信技术传遍社会的每一个角落。学生的生活方式、学习方式、交往方式、思维方式，以及他们原有的观念和行为规范都在这场变革中遭受了冲击。云计算和大数据技术的快速发展构建了一个全新的信息社会。在这个社会中，传统的以血缘和地缘为纽带的“集体”

和"社群"概念逐渐淡化,取而代之的是更加灵活多样的小众化和社群虚拟化现象。

从电视媒体的普及到大众传媒的蓬勃发展，再到如今手机等智能终端的广泛运用，网络已经成为高校思想政治教育的重要平台。在这种背景下，网络在高校思想政治教育中的作用越发凸显。然而，这也给学校教育带来了挑战。随着网络的深度渗透，学校在教育领域的权威地位也面临网络的挑战。

四、整体教育环境面临挑战

（一）学校校园环境面临着新挑战

大数据与高校思想政治教育的融合给学校校园环境带来了新挑战，主要包括两个层面，即物质层面和精神层面。

从物质层面来看，高校思想政治教育对大数据技术的应用最初是为了通过对大数据预测功能的充分利用，研究与预判学生的思想动态变化，为提升思想政治教育的针对性提供科学依据。然而，在具体操作过程中，大数据技术设备的投入与应用是一个闭环流程，从数据样本的收集到对所收集数据的分析预测，再到反馈干预，并不能实现数据的即查即用。

从精神层面来看，大数据时代的到来为学校校园环境建设铺设了新路径的同时，也提出了新的挑战。大数据技术的核心优势之一在于其精准推送能力，这一能力因数据的全面性、精确性与广泛覆盖性而得到强化，直接促进了自媒体短视频应用的井喷式增长，引领其步入繁荣的“黄金期”。然而，这一趋势如同一把双刃剑，虽然传播了积极向上的文化精髓，但其中也不乏低俗、消极的糟粕内容，对学校校园文化环境产生了一定影响。

（二）高校思想政治教育虚拟空间面临着新挑战

未来学大师、世界著名未来学家阿尔文·托夫勒曾认为，未来拥有信息强权的人将控制世界政治的魔方，这些人通过所掌握的信息发布权以及网络控制权，可以达到暴力、金钱不能征服的目的。① 随着大数据时代的来临，阿尔文·托夫勒预言的未来如今大多正在逐渐变为现实。以往意识形态舆论环境的主阵地在线下，大数据时代的主阵地则延伸至线上。

虚拟空间的构建以互联网技术为中心，其中同时存在着内涵与立场不一样的多种意识形态信息。大数据技术的发展与应用则为不同种类的意识形态、多元价值文化的共存创造了有利条件。依托大数据技术的快速、精准推送，学生能够获

---

① 何兰．网络传播及其对国际关系的影响 [J]. 北方论丛，2004（6）：65-68.

取各种各样的信息，这为非主流意识形态在学生生活的虚拟空间内的大范围扩散提供了极大的便捷。

随着学生接触与接受的非主流意识形态的数据信息日益增加，主流意识形态的权威性也会随之减弱，最终其在虚拟空间中的主导地位也会受到冲击。主流与非主流意识形态话语权呈现出明显的两极反转趋势，这一变化导致虚拟空间中的思想政治教育阵地的主导地位面临着严峻的挑战，网络意识形态安全屏障也因此变得更为脆弱。同时，大数据技术的强大存储能力使得虚拟空间中蕴含了丰富多样的文化元素，这些信息长久留存并日益透明化，网络意识形态面临更加复杂的局面。由此可见，在高校思想政治教育环境大数据化的进程中，如何解决主流意识形态话语权弱化、多元价值并存等问题是较为突出的新挑战。

（三）社会大环境面临着新挑战

高校思想政治教育环境与社会环境密不可分，两者的变化具有一致性。这种一致性在大数据时代表现为社会大环境对高校思想政治教育的影响逐渐加深。不可否认的是，社会大环境给高校思想政治教育带来了积极影响，但同时不容忽视的是，随着大数据时代的进一步发展，逐渐涌现出的新不和谐因素又给社会环境带来了负面影响，进而给高校思想政治教育带来了不小的挑战[①]。

① 关雯文，王小云．高校理想信念教育缺失的成因与现代建构探索 [J]. 文教资料，2010（35）：185-187.

第四章　大数据背景下高校思想政治教育方法的优化

随着信息技术的飞速发展，大数据已经渗透到社会的各个角落，深刻地改变着人们的生活方式、思维模式以及教育形态。在这样一个时代背景下，如何借助大数据的力量优化高校思想政治教育方法，成为当前高校思想政治教育工作亟待解决的问题。本章围绕高校思想政治教育方法的现状、高校思想政治教育的基本方法、大数据背景下的高校思想政治教育方法等内容展开研究。

第一节　高校思想政治教育方法的现状

一、高校思想政治教育方法取得的成绩

党和国家始终将高校思想政治教育方法的创新与发展置于重要位置，相继颁布了一系列文件和措施并加以推进。在党和国家的深切关怀与政策扶持下，高校思想政治教育方法为适应教育环境的变迁、时代的进步以及科技的飞速发展，在科学性和现代化发展趋势上均有了显著的提升。在继承传统教育方法精髓的同时，高校也积极吸收、借鉴了多学科的教育方法，以此不断丰富和完善思想政治教育体系，取得了令人瞩目的成绩。

（一）科学性增强

高校思想政治教育方法的核心指导思想源自改革开放以来逐步形成并不断发展的中国特色社会主义理论体系。这一理论体系科学地解答了我国现阶段社会主义的性质、发展目标及路径等关键问题，对我国社会发展的现实和未来具有根本性的指导意义。中国特色社会主义理论体系不仅明确了我国改革开放的社会主义性质，也强调了思想政治教育在改革开放中坚持社会主义方向、确保党的领导的重要任务。其中关于加强与改进思想政治教育的一系列思想为思想政治教育及其

方法的发展提供了科学指导，推动了其向科学发展的快车道迈进。这些指导思想不仅为高校思想政治教育方法的发展指明了科学目标和路径，更在新形势下强调了以人为本的教育理念。它鼓励教育工作者勇于探索、勇于创新，使思想政治教育方法能够不断与时俱进，满足社会发展的需要。

随着思想政治教育学科的正式确立以及大量相关理论研究成果的涌现，当代高校思想政治教育方法的发展获得了坚实的学科知识支撑。这一学科的建立不仅标志着对思想政治教育理论进行深入研究的新起点，还开启了教育规律理性揭示的新篇章，为培养专业化的研究人才和教育工作人员提供了重要平台。自 20 世纪 80 年代初起，思想政治教育学科建设便开始了其探索与进步的历程。从思想政治教育的基本原理到具体方法，从历史演变到国际比较，学科的研究范围不断扩大，知识体系日益完善。这些理论研究和知识积累不仅为思想政治教育方法的创新提供了强有力的支撑，还为其实践应用提供了丰富的经验和指导。

（二）现代化发展趋势显著

现代信息网络技术的飞速发展为高校思想政治教育方法的创新提供了前所未有的便利条件，同时也促使网络教育法成为当前高校思想政治教育不可或缺的重要组成部分。在先进网络技术的支撑下，可以开展形式多样的思想政治教育活动，无论是线上还是线下，都能实现高效互动和深入交流。这种教育方式相较于传统模式不仅效率更高，而且效果更佳，因为它更能贴近学生的实际需求，有利于激发他们的学习兴趣和热情。

与过往的教育方式相比，现代化的教育方式显著地凸显了现实性和及时性的教育特点。在新时代背景下，教师能够灵活运用多种现代信息传播手段，如邮箱、微信、微博等媒体平台，为学生提供富有现代性的思想政治教育。这些教育形式能精准地捕捉学生关心的时事热点，迅速、准确地传递教育信息，从而及时有效地影响并引导学生的思想观念。值得一提的是，教师可以充分利用即时通信工具的隐蔽性和及时性特点，对个别学生开展有针对性的思想教育工作。这种个性化的教育方式能够更有效地触及学生的内心，取得显著的教育效果。

（三）对相关学科方法的借鉴增多

当代社会一个突出的特点就是开放。开放不仅打破了长期以来的封闭和隔绝，还培养了人们心中与世界各国积极交流文化、开展经济合作的主动意识。在这样的社会背景下，高校思想政治教育面临着前所未有的挑战。一方面，我国社会主义主导意识形态正受到西方资本主义国家意识形态的冲击，这给思想政治教育带来了诸多困难。另一方面，这种开放的社会条件也为思想政治教育方法的发展提供了有利条件。这就是可以以开放包容的姿态，积极学习、研究和借鉴世界各国的思想政治教育理论和经验，探究其具体而有效的做法。这样做不仅可以为我国当代高校思想政治教育方法的发展注入新的元素，更能为其增添新的活力，使其更加适应时代的需求，更加贴近人们的思想实际。

随着现代科学与技术的飞速发展，不同学科之间的边界日益模糊，相互交融产生出诸多新颖的理论和方法。从自然科学到人文科学，涉及人的理论研究不仅呈现出丰富多样性，而且其发展速度也异常迅猛。这种跨学科的趋势对思想政治教育方法的发展产生了深远影响。思想政治教育方法的发展自然而然地受到了自然科学和社会科学理论与方法进步的推动。在这一过程中，马克思主义作为理论体系的基石，始终扮演着引领和主导的角色，但这并不意味着要排斥其他科学理论和方法，而是应积极吸收和借鉴相关领域的先进理念与技术，以促进思想政治教育方法的创新与发展。展望未来，高校思想政治教育方法的发展将呈现出以马克思主义为主导，多元学科方法融合发展的趋势。

二、高校思想政治教育方法在实施中存在的问题

（一）传统教育方法与现代教育方法未能实现有机结合

首先，教师“重传统、轻现代”和“重现代、轻传统”的现象并存。传统的思想政治教育方法，往往被视为基本方法或一般方法，包括理论灌输法和实践教育法等，这些方法经过长期的实践检验，被证明是科学且有效的。它们承载着丰富的教育经验和深厚的文化底蕴，对于培养学生的道德品质和价值观念具有重要意义。随着时代的进步和科技的发展，现代思想政治教育方法也应运而生，如网络教育法、心理咨询法等，这些新兴的教育方法被称为特殊方法或增效方法。它们利用现代科技手段，拓宽了教育渠道和教育方式，使得教育更加灵活、高效和个性化。无论是传统教育方法还是现代教育方法，它们都有其各自的长处和短处，应该摒弃“非此即彼”的偏见，注重将两者相互融合、取长补短，在教育过程中共同发挥作用。然而，在当前高校思想政治教育中，存在着两种极端的倾向。

一是过度依赖传统方法而未能充分利用现代方法。个别教师主观上更倾向于使用理论教育法和批评教育法等传统手段，而对现代思想政治教育方法的运用则显得不足，甚至存在排斥态度。这种倾向导致高校思想政治教育呈现出单一化、抽象化的特点，影响了高校思想政治教育工作应有的成效。

二是过度应用现代方法，使传统方法受到排挤。在当前的高校思想政治教育中，网络教育法和心理疏导法等现代教育方法确实展现出了显著的优势。网络教育法利用虚拟网络环境为思想政治教育提供了更为广阔的平台；心理疏导法则在解决学生个人心理和人际交往等问题上发挥着重要作用。然而，必须强调的是，高校思想政治教育的核心在于向学生传授和灌输正确的思想理论和道德规范。这不仅是教育的本质意义，还是培养和提高学生全面素质，使其成为社会栋梁的重要途径。在高校思想政治教育过程中，不应过度依赖现代方法而忽视其教育目的和实质。传统教育方法在导向上具有不可替代的作用，它们能够确保高校思想政治教育的本质功能得到有效实现。

其次，学生盲目排斥传统教育方法。当代学生的自主性和独立性显著增强，思维活跃，对新鲜事物充满好奇并乐于接受。值得注意的是，部分学生尚未形成正确的世界观、人生观和价值观。在选择高校思想政治教育方法时，这部分学生往往存在盲目性和片面性。他们可能过于崇尚现代方法，更注重形式的多样性和过程的体验，而忽视了内容的深度和结果的重要性，这种倾向在一定程度上影响了教师的决策。

（二）教育方法的实施缺乏可操作的规范和指导

高校思想政治教育方法的真正价值和意义在于其能够在实践中得到落实，并产生积极有效的成果，确保教育方法的实用性和有效性。因此，应当将焦点放在这些方法在实际应用中的客观效果上。然而，从各高校的实际情况来看，一些新兴的教育方法、举措和主张在实施过程中仍然存在一定的缺陷和不足。其中一个问题就是，这些方法在实施过程中缺乏可操作的规范和指导。长时间以来，在实际的教育实践中，尽管教师对各类教育方法的内涵、外延及其方法论层次有着深入的了解，但在如何具体实施某一方法以及如何最大化其实际效用方面，缺乏具体、实用且具有操作性的规范和指导。高校思想政治教育方法体系包含了许多不同层次、各具特色的具体方法。要有效地运用和实施这些方法，就需要对其有深入的理解和把握。每种具体方法都有其特定的适用范围、必要条件和注意事项，教师需要熟练掌握这些内容，以确保在实际教学中能够正确、灵活地运用这些方法。

第二节 高校思想政治教育的基本方法

一、理论渗透法

理论渗透法是一种教育主体通过有组织、有计划的方式，向特定教育对象系统地传授我国社会主义思想理论知识，并促进其积极内化的教育方法。该方法的核心目标是通过组织教育对象深入学习习近平新时代中国特色社会主义思想等重要理论，帮助他们构建正确的世界观、人生观和价值观，从而引导他们在思想上与社会主义核心价值观相契合，为个人全面发展和社会进步奠定坚实的思想基础。理论渗透通过教师的口头语言，向学生传递马克思主义基本理论、马克思主义中国化的理论成果、党的路线方针政策，主要通过讲授的方式实现。讲授分为讲解式和讲述式两种。另外，在高校教育实践中，教师组织学生进行讨论，并针对学生的观点进行引导讲解，也是理论讲授的一种重要形式。

（一）理论渗透法的内涵

"渗透"的字面意思为"渗入""影响""熏陶"，不同于教学法中的"注入式"或"填鸭式"方法，渗透既有"润物细无声"的滋养，又有水滴石穿的坚韧。这里的"渗透"就是指宣传教育、熏陶影响，强调的是以理服人，逻辑严密地将道理讲清楚、讲透彻，从而征服广大群体。高校思想政治教育理论渗透法是有目的地进行马克思主义教育理论的渗透通过对理论的学习、讲授、培训、研讨等方式，对学生的思想观念进行引领。在对学生思想观念进行引领的过程中，应以学生易于接受的方式对马克思主义理论进行传递。

（二）理论渗透法的原则

1. 坚持社会主义意识形态不动摇的原则

马克思主义观点认为，在一种社会里，有三种社会意识形态相互依存且相互斗争。因此，在开展高校思想政治教育活动时，教师需要自觉地向学生渗透马克思主义思想，有目的、有意识地使其在社会生活中处于主导地位，从而引导学生的思想朝着社会主义方向发展。

2. 坚持社会主义意识从外灌输、向内渗透原则

中国共产党要推动社会的发展，要实现共产主义这一目标，就要使人民群众

掌握马克思主义理论，进而培养人民群众的社会主义和共产主义意识。然而，作为一种思想体系的科学社会主义不能自发地在工人、学生中产生，只能从外面进行灌输。从外灌输这一思想时至今日仍然可用于高校思想政治教育工作。在日常学习中，学生关注自己所学专业较多，因此，高校教师需形成合力，将社会主义意识从外灌输、向内渗透。随着网络的广泛普及，学生不可避免地会接触许多有害信息和消极言论，因此更需要高校教师对主流意识形态进行传递，以培养合格的社会主义建设者和接班人。

3. 坚持理论渗透方向正确的原则

教师要通过高校思想政治教育帮助当代学生树立与社会主义核心价值观相契合的世界观、人生观、价值观，这一过程从本质上来讲就是传递马克思主义理论的过程。坚持理论渗透方向正确的原则可以确保当代学生学习马克思主义理论内容的完整性，更能确保高校思想政治教育的主路线不会偏离社会主义发展方向。

（三）理论渗透法的路径

要充分发挥理论渗透法在高校思想政治教育中的作用和价值，就要坚持与时俱进、不断创新。

1. 坚持与时俱进，拓展渗透内容

大数据背景下，高校思想政治教育的渗透内容必须紧密跟随社会和时代的发展步伐。这是培养具备时代精神和社会责任感的新时代人才的关键，也是确保高校思想政治教育保持其时效性和实效性的必然要求。高校思想政治教育的渗透内容必须坚决服从并服务于党的中心工作。教师在履行教育职责时，应当紧密结合时事政治，向爱国主义教育、民族精神教育、时代精神教育和道德教育等内容中注入新的内涵，不断拓展渗透内容，使其既具有深厚的文化底蕴，又具备鲜明的时代特征。同时，保持渗透内容的科学性、实事求是和与时俱进也是至关重要的。教师应当不断学习新知识、新理论，紧跟时代步伐，将最新的研究成果和时代精神融入高校思想政治教育中。

2. 将显性灌输和隐性渗透相结合，实现理论渗透法的方法创新

理论渗透法传统上指教师直接向学生灌输既定的政治观点、道德观念，其特点在于直接性和单向性。然而，在高校思想政治教育领域，由于这一教育过程具有显著的理论性，仅仅依赖单一的理论渗透模式往往会使学习氛围显得刻板且缺乏活力。这种僵化的教学方式容易引发学生的逆反心理，导致教育内容难以有效

地转化为学生的内在素养和行为表现，从而严重削弱了教育的实际效果。

当代学生思想教育研究领域提出了“课程思政”这一创新理念。这一模式旨在将思想教育理论巧妙地融入日常教学的各个学科中，探索多样化的教学方法，使高校思想政治教育不再局限于传统模式。它利用学生专业课、选修课等日常学习场景，以“润物细无声”的方式将思想政治教育内容渗透到学生的日常学习中。同时，因课程思政的教学方式对任课老师提出了新要求，教师不可避免地要提升个人的思想政治素养，主动地学习更多思想政治理论，创新教育模式，这是一种推动性的教学创新，并且对于更新教师个人思想具有意想不到的效果。教师必须具备扎实的理论知识，才能够将其游刃有余地用于课程实践中，这是当代教师面临的新挑战与机遇，也是实现思想政治教育作用最大化的时机。简单来讲，就是将思想理论作为隐性教育与课程进行显性结合，用学生不自觉就接受的方式开展。因此，积极探索理论渗透法在高校思想政治教育中的使用，需要将传达的思想理论、对优秀传统文化的辩证传承等隐性要素渗透到教育载体中，营造教育的环境氛围，实现显性灌输与隐性渗透的结合，提高渗透教育的吸引力、感染力和说服力。

3. 合理利用资源，积极创新理论渗透法的载体

载体作为高校思想政治教育过程中的关键桥梁和纽带，是确保各个教育要素有效联系的枢纽。为了提升理论渗透法的实效性，必须着重优化和创新渗透载体。在课堂上，教师的形象及其营造的积极氛围是强有力的渗透教育载体。教师的言传身教，以及课堂中营造的有利于高校思想政治教育的环境，都能让学生在潜移默化中内化理论知识。此外，教师在学生日常事务管理中展现的真心真情同样是渗透思想政治教育的有效载体。他们的关怀与引导能够使学生在日常生活中感受到思想政治教育的温度与力量。从学校规章制度到校园人文环境，每一个细节都可以成为渗透思想政治教育的载体。学校的规章制度能够引导学生树立正确的价值观和行为准则，而校园人文环境则能让学生在文化的熏陶中自觉提升思想政治素养。因此，必须摒弃传统的教育模式，不断丰富和创新理论渗透法的载体。

二、思想引领法

学生肩负着时代的重任与使命，新时代呼吁新型人才的培养。加强对新时代学生的思想引领，多方位促进学生的全面发展，加快各类创新成果转化应用，具有重要意义。强化思想引领对于提升当代高等教育的实效性至关重要，它能够有效引导学生群体成长为新时代国家和社会亟须的新型人才，紧密贴合国家人才发

展战略的核心要求，从而为国家的发展注入源源不断的新生力量。

（一）思想引领法的内涵

思想引领法主要是指教师以习近平新时代中国特色社会主义思想为指引，深入引导学生践行社会主义核心价值观，通过系统、全面的教育引导，使学生深入理解并认同这一伟大思想的教育方法。同时，教师还需引领学生深入学习“四史”和当前的形势政策，从而增强学生的历史责任感和国家使命感，为培养新时代国家和社会所需的优秀人才奠定坚实的思想基础。教师要通过开展思想引领工作增强学生“四个意识”（政治意识、大局意识、核心意识、看齐意识），坚定“四个自信”（中国特色社会主义道路自信、理论自信、制度自信、文化自信），做到“两个维护”（坚决维护习近平总书记党中央的核心、全党的核心地位，坚决维护以习近平同志为核心的党中央权威和集中统一领导），落实为党育人、为国育才的教育大计。

（二）思想引领法的原则

1. 坚持政治性原则

教师在进行思想引领的过程中，要始终保持高度的政治觉悟和坚定的政治立场，敢于捍卫和拥护有建设性的观点和思潮，并敢于批判和反对可能误导大众的错误观点，要树立坚定的正确的原则和立场，在与学生共同面对的大是大非问题面前，要敢于批评反驳，要能够带领学生主动抵制社会上各种错误思想。

2. 坚持理论与实践相结合原则

在进行思想引领的过程中，教师必须讲理论、讲道理，工作要讲技巧、讲艺术。思想引领法要基于思想政治教育理论，将理论有机融合到学习与生活现实当中，通过举例子、摆事实、讲道理，把理论说清楚、捋明白。只有学生领悟了、理解了、信服了，思想引领才能收到实效。如果仅仅是对理论进行了领悟，而没有令人信服的事例加以证实，可能会导致引领效果大打折扣，这属于没有完成思想引领的全过程。思想引领要想入心入脑，就需要教师引导学生将他们所学到的理论知识与实践相结合，做到学以致用，要善于组织、带领学生开展理论与实践相结合的实践活动，这是思想引领法的一个有效实施途径。

3. 坚持创新性原则

必须深入细致地研究当前学生的独有特点，并基于这些特点积极创新思想引领法的理念和方式，以确保工作方法与学生的实际需求紧密契合。在教师的日常工作中，应始终将创新理念和创新方法作为核心，不断将其融入思想引领的实践中去。通过持续的努力，不仅要修正和完善工作方法，还要通过创新让教师的思想引领工作始终充满生机与活力，以更好地引导学生形成正确的价值观和世界观。

（三）思想引领法的路径

1. 坚定理想信念

教师要做好学生的价值引领、信念引领、道德引领、文化引领工作。教师要引领学生完整、准确地把握习近平新时代中国特色社会主义思想，提高对习近平新时代中国特色社会主义思想的认同感，以“四史”（党史、新中国史、改革开放史、社会主义发展史）为内容，引领学生形成正确的历史唯物观。

当代学生在追求理想信念时往往聚焦于具体的人生目标，却忽视了将民族和国家的责任融入其中，从而缺乏一种更广阔的视野和更高的境界。为了引导学生树立符合新时代中国特色社会主义的世界观、人生观、价值观，教师扮演着至关重要的角色。教师应深入了解学生的内心世界和真实需求，运用科学的方法对他们现有的“三观”（世界观、人生观、价值观）进行分析和解读。在此基础上，教师可以通过开展党团与班级建设活动，以及组织学生参与实训实践等方式，将社会主义核心价值观的理论知识融入其中，帮助学生认同这些价值，从而明确自己的人生方向。更为重要的是，教师要引导学生坚定理想信念，提升思想境界，使他们能够主动将个人的发展与国家的命运紧密联系起来。

2. 练就过硬本领

为了追逐个人的人生理想并承担起时代的重任，当代学生应当格外珍视青春年华，全力以赴地掌握科学知识，并锤炼出卓越的技能。在科学知识的学习上，他们应确保自己的认知水平可以紧跟时代步伐，甚至超越时代的发展。在技能培养方面，他们应以严谨、细致、精益求精的态度，不断提升自身的工作技能水平，以确保能够更好地面对未来社会的挑战和机遇。

教师在“抓学风、长本领”的学风建设中，可以有效引领学生练就过硬本领。首先，教师应鼓励学生具备全球视野和开放胸怀，将学习和掌握知识视为构建人类命运共同体的关键。他们应引导学生将个人发展与时代进步紧密相连，深刻理解学习和掌握专业知识对于个人成长和社会进步的深远意义。其次，教师应强化学生对中华民族伟大复兴的责任感。通过教育，让学生深刻认识到自己的使命，将个人发展与民族责任紧密结合，激励他们为中华民族的伟大复兴不懈奋斗。最后，教师应指导学生运用科学的学习方法不断提升自己的专业技能。他们应鼓励学生以书本为友，尊重历史经验，掌握马克思主义的观点和方法，将理论与实践相结合。同时，教师还应引导学生关注国家政策方针，加强政治理论学习，不断更新和提升自己的本领技能，以适应社会发展的需求。

3. 勇于创新创造

创新并非空泛的想象或空洞的口号，它建立在坚实而广泛的专业基础知识以及科学的思维方法之上。教师在引导学生创新创造的过程中，首先要强调总结并借鉴前人的宝贵经验。同时，教师应积极推动学生转变学习方式，鼓励他们在自主学习、合作学习与探究学习中碰撞思维的火花，以此实现真正的创新。教师还需引导学生主动参与实践实训活动，勇于在实践中尝试与创新，从而不断提升他们的创造能力。面向学生群体开设的各类创新创业大赛是锻炼学生创新创造能力的有效途径。教师应鼓励学生积极参与这些活动，并提供必要的帮助与支持。随着互联网的普及，师生可以实时获取海量的信息。教师可以充分利用这一技术优势，为学生搭建创新创造的平台，提供精准的有益于学生创新创造的信息资源。这不仅能帮助学生拓宽视野，还能激发他们的创新思维，鼓励他们将创新创造融入日常的学习与生活中。

4. 培养学生艰苦奋斗的精神和坚韧不拔的意志品质

教师应成为学生的楷模，身体力行地展现出面对困难时不畏难、不怕苦的精神。在与学生共同面对挑战时，教师应多思考解决问题的办法，少找借口和托词，用自己的实际行动和人格魅力来引领和激励学生。同时，教师应努力培养学生艰苦奋斗的精神和坚韧不拔的意志品质。在与困难斗争的过程中，这也是一场精神的较量。在关键时刻，教师应给予学生心理支持，鼓励他们“试一次，再试一次”，以增强他们的抗压能力。在实践实训中，教师应端正学生的态度，有意识地为他们设置挑战，磨炼他们的意志品格，使他们能够在面对未来的挑战时更加坚韧和自信。

精神是支撑个人与国家的灵魂，没有精神的人无法自立，没有精神的国家难以强盛。学生的精神风貌更是国家未来精神风貌的缩影和预兆。因此，教师肩负着重要的使命，需要紧密结合历史与时政，引导学生深入学习和理解伟大的民族精神，从中汲取力量，锤炼自己的品格。

总体来讲，思想引领法的实施过程有一个重要因素，即引领者本身过硬的思想政治素质。目前的各高校教学实践数据表明，教师是高校思想政治教育过程中最重要的引领者，这代表着教师需要严格要求自己。在日常的思想政治教育中，教师多采用言传身教的方式。言传对教师的要求是必须具备基础深厚的理论知识，教师只有随着党中央的政策与理论更新，与时俱进地对个人知识库进行更新，才可以保持先进性，保证传授给学生的理论不落伍，成为理论前言阵地的守护者。身教则要求教师具备良好的品行，不仅要有扎实学识，还要有道德情操。教师应从个人做起，用一个践行终身学习理念的榜样形象带动学生一起学习，成为学生看齐的目标。教师应坚持学习党的思想政治理论，并将其内化于心、外化于行，影响学生的言行，潜移默化地对学生的思想政治素养进行提升，就是真正的思想引领，也是国家和社会对教师提出的职业化、专业化的要求。

三、讨论教学法

（一）讨论教学法的定义

讨论教学法是高校思想政治教育中常用的方法。讨论教学法是在教师的主导下，充分发挥学生的主体性，为了深化学生对知识的理解，加深学生对情境或理论意义的体验，拓展学生的知识视野，提高学生分析问题和解决问题的能力而采用的一种教学方法。

（二）讨论教学法的形式

讨论教学法主要有主题讨论、案例讨论、课题研究讨论、读书会讨论、辩论讨论、嘉宾参与讨论等多种形式。主题讨论和案例讨论是指教师组织学生围绕一个教学主题或案例，采用分组发言或个别发言等不同方式，进行说理与论证、列举与归纳、比较与辨析、反驳与批判、概括与总结等思维操作，对教学主题或案例进行深度阐述的教学方法。课题研究讨论是指教师组织学生开展课题研究（或一组学生共同完成一个课题，或多组学生分别完成一个课题，或一名学生独立完成一个课题），学生在课堂上交流和讨论课题研究的过程、结论和感悟的教学方法。读书会讨论是指教师组织学生开展课外阅读（或全体学生阅读指定文献，或分组阅读不同的文献），学生在课堂上交流和讨论阅读感悟的教学方法。辩论讨论是指教师组织学生以辩论的方式对两个对立的观点或立场进行辩护或批驳，从而深化学生对知识的理解的教学方法。嘉宾参与讨论是指教师组织学生模拟嘉宾或真实邀请嘉宾，围绕某个主题以嘉宾叙述或嘉宾与学生对话等方式开展教学的一种教学方法。在实际运用中，上述讨论形式往往是相互交叉的。

（三）讨论教学法的关键

1. 讨论主题的选择

讨论教学法的关键之一是讨论主题的选择。讨论主题要根据教学目标和学生实际有计划地精心设计，一般由课程教学组集体设计。讨论主题一般选择重大理论问题或重大现实问题，既不能过于宽泛，也不能过于具体；既要有思想性和教育性，又要有可讨论性；既不能过于专业化，又要有适度的理论性。讨论主题要具有较大的讨论空间，能够激发学生进行多维度的思考和探究。讨论前，教师要向学生讲明讨论主题和讨论要求，要指导学生围绕讨论主题确立思路、收集资料、创造条件，要检查学生围绕主题准备相关资料的进展情况。

2. 讨论过程的引导和总结

讨论教学法的另一个关键是过程引导。在讨论过程中，教师既要鼓励学生大胆发言、充分交流，又要引导学生聚焦主题、切忌跑题。教师在激励学生参与讨论时应展现出其独特的引导能力。他们可以通过巧妙地提示引导学生变换或延伸讨论的角度，从而促进学生围绕核心主题展开深入的互动探究和富有意义的思维构建。对于讨论过程中的非预期事件，教师要准确判断并有效引导学生解决问题。

在讨论即将结束时，教师应当精心地进行总结讲评。这一环节不仅要对学生积极参与讨论给予充分肯定，还应提出一些激发他们进一步思考的建议。在总结时，教师需要巧妙地平衡对学生主动思考价值的认可与有理有据地提出质疑之间的关系。这是因为，从心理学的角度来看，营造一个虚心、公开的交流氛围对于激发学生的自主性至关重要。教师承认每个学生思考的基本价值，不等于他承认学生提出来的每个意见和所有意见在理智上的正确性。这是一种教学艺术，使教师可以质疑课堂上出现的某一主张，而不是质疑提出这个主张的人。通俗来讲，就是既要引导学生阐述不合理的观点，又要肯定学生积极思考的价值，努力使学生通过讨论来体验思考和探究的意义。

四、朋辈示范法

朋辈群体对个人健康成长具有非常重要的意义。新时代学生具有很强的个体意识、平等意识，基于朋辈群体产生的朋辈示范法与高校思想政治教育的结合符合新时代的要求与发展趋势，有益于高校思想政治教育工作的开展。

（一）朋辈示范法的内涵

中华民族传统文化对朋辈以及朋辈教育的记载可以追溯到春秋战国时期。例如，我国著名教育家孔子对“三人行，必有我师”的论述就与朋辈教育息息相关。在实际生活中，有人将“朋辈”理解为“同龄人”“同届生”“朋友”或是具有相似思想观念的人。由此，可以将朋辈群体理解为有着相似学习、生活和工作背景，大多年龄相仿，有相近的心理特征与行为方式，愿意实现信息交流的群体。

在高校思想政治教育中，可以利用朋辈主体性、互动性、渗透性的特征增强教育实效，使得教育内容可以被群体接受的同时，也能潜移默化地为个体所接受，并且实现个体的内化。朋辈示范法融入高校思想政治教育，要获得科学、系统且长效的发展，就必须坚持正确的价值导向，必须尊重学生成长成才的发展规律，形成良好的教育体系，选择适当的教育路径和教育方法。

（二）朋辈示范法的原则

1. 落实“以人为本”的教育理念和坚持正确的价值导向

高校思想政治教育的终极意义是关注人的发展和实现人的价值。“以人为本”的教育理念符合教育发展的趋势，更重要的是符合当前学生主体观念加强的实际。“以人为本”的教育理念在教育过程中强调对学生既要引导也要尊重、关心。具体而言，在将朋辈示范法融入高校思想政治教育的具体实践中，首先，应当充分考虑学生个体之间的差异性。教育的实施应以学生可接受为基本原则，进行适度的引导，同时在整个教育过程中，应积极激发学生的主动性和积极性，鼓励他们主动参与、主动思考，以此推动学生的全面发展。其次，教师需要用心倾听学生的需求和反馈，对于可能产生的问题，不应回避或排斥，而是要尊重学生内心最真实的想法。教师应设身处地为学生考虑，真正理解他们的需求和困惑，确保教育的针对性和有效性，真正做到“以人为本”，让教育更贴近学生，更富有人文关怀。最后，在整个教育过程中，教师和朋辈示范者要扮演好引导者的角色，突出学生的主体地位，不能直接提出解决问题的方案，而应花心思引导学生向朋辈寻求帮助、向优秀的朋辈看齐，提高自己解决问题的能力，使学生在教育过程中得到自我发展、自我完善的能力。

朋辈示范法融入高校思想政治教育要坚持正确的价值导向，即立德树人。朋辈示范法的价值导向与高校思想政治教育有着高度的一致性，它们都致力于去除消极的、负面的影响，并坚持传递积极的、正面的价值导向。对于朋辈群体，特别是高校学生而言，尽管他们身处和平、和谐的校园环境，但他们的思想并不局限于此。事实上，他们随时都在受到社会大环境的影响，这种影响不仅体现在物质层面，还深刻地影响着他们的思想。在信息化时代，网络信息的纷繁复杂给学生带来了前所未有的冲击。其中，功利心态、盲从心态等不良因素时常涌现，这些不良因素侵蚀着学生的思想和行为。在这样的情况下，朋辈群体之间的交往变得复杂。教师要坚守这一主阵地，坚持以社会主义核心价值观为导向，这对朋辈示范法融入高校思想政治教育具有指导意义。

2. 遵循学生成长成才规律

教师在将朋辈示范法融入高校思想政治教育中时，要遵循学生成长成才规律，尊重客观实际。只有准确把握学生成长成才的规律，才能强化朋辈示范法的针对性和有效性。遵循学生成长成才规律意味着教师需要深入了解具体学生的实际思想水平、认知能力和自律能力，从而为他们提供量身定制的教育方案。学生的成长成才规律是一个综合性的系统，既涵盖了学生个体在生理、心理层面的自然发展，也涉及由于社会化过程而产生的一系列社会关系的变化。简而言之，这一规律既受到学生自我发展主观能动性的影响，也受到客观社会环境的制约。鉴于学生成长成才规律的复杂性，朋辈示范法在实施过程中必须不断创新教育方式、优化教育内容，以确保教育目标的达成。在朋辈示范法融入高校思想政治教育的实践中，一对一帮扶形式尤为关键。然而，由于帮扶者和帮扶对象双方的动态变化，当出现帮扶对象已逐渐成长至无需朋辈帮助、双方性格不合导致关系不协调，或帮扶者自身能力不足以胜任帮扶职责等情况时，需要按照这些变化及时调整帮扶对象或朋辈教育的内容。这种灵活调整对于确保朋辈示范法的实际效果至关重要，能够最大程度地发挥朋辈示范法的积极作用。

（三）朋辈示范法的路径

1. 课堂教学活动

习近平总书记曾指出，要使各类课程与思想政治理论课同向同行，形成协同效应。高校应将朋辈示范法融入高校思想政治教育中，与“思政课程”“课程思政”等形成合力，画好协同育人的同心圆。

首先，朋辈示范法促进高校思想政治教育教学目标的制定。按照“课程思政”的要求和各门课程的教学目标，挖掘本课程中的思政因素，结合专业知识对学生进行思想政治教育。在制定思想政治教育教学目标时，必须充分考虑学生的实际情况，这里的实际情况特指他们在思想政治教育方面的实际需求，以及这些需求与社会对学生的期望和要求之间存在的差距。

其次，朋辈示范法助力高校思想政治教育的内容扩展和延伸。朋辈示范法的总结反馈促使互动过程不断完善，通过总结活动，可以尽可能地对学生的思想动态进行全面了解，避免流于形式，也可以避免思想政治教育内容与学生实际需求脱节。朋辈示范法的具体内容有必要及时按照反馈总结进行调整。

最后，朋辈示范法助力高校思想政治教育方式方法的丰富。在高校思想政治教育课堂中，应采取多样化的教学方式，如课堂讨论，鼓励学生基于自身经历和理解进行互动交流。这种以教师为主导、学生为主体的讨论模式有助于教育内容的深入讲解。在心理素质教育、生命安全教育以及形势与政策教育等关键课程中，单一的讲授方式可能显得内容单薄。此时引入朋辈示范法，可以极大地激发学生的参与热情，使课堂氛围更加活跃，从而更有效地传达教育理念和内容。在职业生涯规划课程中，专业教师固然可以提供宝贵的理论指导和心理支持，但在实际技能操作层面的指导方面，必须紧密结合当前社会的就业现状与学生的具体需求进行。鉴于社会就业状况的复杂多变，教师难以全面覆盖所有细节，这是一项艰巨的任务。朋辈示范法则为解决这一问题提供了有效途径。通过邀请优秀毕业生参与职业生涯规划课程，让他们结合自身的实际经历，为在校学生提供实用且贴近需求的指导。这种教学方式不仅使教育内容更具针对性和实用性，还更好地满足了职业生涯规划课程的教学目标，为学生的未来职业道路提供了有力支持。

2. 校园文化活动

校园文化活动的举办对于高校思想政治教育以及高校自身的整体发展均具有举足轻重的意义，对于营造良好的校园文化氛围也具有非常重要的作用。校园文化活动多种多样，按照组织形式可以将其分为班级活动、院系活动和校园活动。班级活动参与度、活动效率高；院系活动因其专业性，凝聚力较强；校园活动覆盖面广，更具权威性。朋辈示范法通过精心设计的校园文化活动，巧妙地将思想政治教育融入学生的日常生活和学习中，这种方式无疑极大地提升了隐形思想政治教育的实际效果，使教育内容更加深入人心。

（1）以班级活动为依托进行朋辈教育

思想政治教育性质较强的班级活动是班会、主题党日、主题团日活动。在此类活动中，班级支部推选出先进模范，进行交流发言。由于班级人数相对比较少，同学之间相互熟识，可以运用榜样教育的方法。朋辈示范法在高校思想政治教育中的核心策略之一便是树立榜样，这种方法不仅历史悠久，而且应用范围广泛。在选择榜样时，必须审慎而行，并非所有在某一方面或多个方面表现卓越的学生都适合作为榜样。除了考虑学生的实际需求，更应当注意榜样与学生之间的实际距离，这里的距离不仅包括地理位置的远近，还包括学生自身与榜样在品质、能力等方面的差距。只有当榜样选择得恰如其分时，才能最大限度地发挥其示范效应，激励其他学生积极观察和学习，进而提升朋辈榜样的激励效果。在班级内部树立榜样便是这一观点的生动体现。通过在班级内广泛征求意见而选出的“榜样”不仅具有高度的代表性，而且因为是学生身边熟悉的人，更具亲和力，更能引起共鸣，所以能够发挥更加积极的引导作用。

（2）以院系活动为依托进行朋辈教育

依托院系活动开展朋辈教育可以有效推动其向网络平台化发展，以适应当前信息化时代的需求。在这个数字化时代，学生普遍依赖手机等网络终端设备，网络已成为他们日常生活不可或缺的一部分。网络平台以其内容丰富、信息传播迅速以及用户交互性强等特点，为朋辈教育提供了广阔的空间。院系可以充分利用网络平台这一载体，拓宽教育渠道，扩大教育覆盖面。具体而言，可以将高校思想政治教育内容以非严肃的方式投放到网络平台上，这里的“非严肃”指的是避免冗长的说教，而是采用更生动、多样的形式，如设置热门话题、开设问题咨询区、搭建讨论论坛等。通过这种方式，不仅能让学生在平台上自由表达自己的观点，还能让平台建设者全面、准确地掌握学生的思想动态，深入了解他们在思想政治教育中的疑问和需求。

（3）以校园活动为依托进行朋辈教育

一是在高校内，由专业的思想政治教育者或朋辈教育者主导，在学生的生活核心区域，如宿舍、图书馆和自习室等，设立朋辈教育工作室。这些工作室的设立将依据具体的区域大小和实际情况确定，以确保资源的合理配置。为了实现对这些区域学生的全面关怀，应设立专门的朋辈辅导员负责各自区域的学生工作。朋辈辅导员不仅将负责日常的学生问题解答和咨询，还将与宿舍负责人、小组负责人等建立层级负责制，确保问题得到及时有效的解决。朋辈辅导员的设置旨在更加深入地了解学生的需求与问题，以便及时发现并干预可能出现的危机状况。

二是由学校专门部门负责组织校园活动。校园活动作为校级层面的重要组成部分，不宜由学生自行摸索进行，而应在专业教师的指导和带领下有序展开。在教师的悉心指导下，学生负责具体活动的执行和操作，这样既可以确保活动的顺利进行，又为学生提供了宝贵的实践锻炼机会。校园活动不仅是打造优质高校教育氛围和环境的关键途径，还是学生展示才华、锻炼能力的舞台。这些活动包括学生自发组织并参与的“感动校园人物”“争优创先先进个人”等优秀人物评选活动，以及学校精心策划的观看相关电影、戏剧表演等文化娱乐活动，还有国庆节、国家宪法日等重大节日的庆祝活动。这些丰富多彩的校园活动不仅为校园生活增添了色彩，还在潜移默化中影响着学生，巩固了朋辈教育的效果。

3. 社会实践活动

社会实践活动是朋辈示范法融入高校思想政治教育的重要的途径。学校组织的社会实践活动包括暑期“三下乡”、相关理论宣讲活动等，还包括相关的支教服务和志愿者服务等。在这些由相关教师带领负责、学生社团自行组织的社会实践活动中如何运用朋辈示范法是一个值得探索的问题。朋辈示范法只是一种看不见摸不着的教育方式和方法，因此真正挥发作用需要借助物质力量。所以，朋辈示范法的实施需要通过朋辈教育队伍实现，需要朋辈教育示范者的扎实理论武装。朋辈教育队伍的打造需要相对专业的选拔、培训；关于朋辈教育者的选拔问题，已有一套严格的标准和流程。现在主要聚焦于朋辈教育者的培训议题。这些经过精挑细选的朋辈教育者虽已具备相当的素质，但定期的短期培训仍不可或缺，以确保其持续发挥效能。培训内容的选择至关重要，不仅要加强对思想政治教育内容的培训，以深化朋辈教育者对该领域的理解和应用，还需进行相关心理知识的培训。这样的培训内容组合不仅增强了朋辈示范法在高校思想政治教育中的效用，还能让朋辈教育者更加意识到自身角色的重要性。通过心理知识的培训，朋辈教育者能够更好地理解学生的心理需求，以平等、尊重的态度进行人际交流，从而更有效地解决学生可能遇到的各种问题。

社会实践活动的顺利开展离不开教师对整个活动过程的精准把控与指导。在这一过程中，必须坚持以学生为主体的原则，确保学生在具体实践活动中得到充分的支持和引导，从而自觉、主动地成为社会实践的主角。坚持学生的主体地位是采用朋辈示范法的重要理念，将思想政治教育辐射给朋辈教育者，由他们在一次次活动中进行再次辐射，提升育人实效。

五、激励教育法

（一）奖惩激励法

奖惩激励法通过奖励或者惩罚的方式，促进人更加积极地投入工作，起到激励作用，同时有效地避免做出错误行为。奖惩激励是以马斯洛需求层次理论为理论基础的，即满足人的需求将刺激其更加努力地去完成下一个任务。奖惩激励运用于高校思想政治教育往往能够取得较为理想的教学效果。运用该方法需要对奖惩细则进行大力宣传，要求奖惩激励具备公平性，通过确定合适的奖惩名额及奖惩程度，调动学生的积极性。除此之外，还必须重视奖惩的时间，通常奖惩越及时，效果越明显。

（二）信任激励法

信任激励法是指给予学生信任、尊重、支持，使其产生自尊心、自信心、成就感等情感体验，从而激发其积极性、主动性的一种方法。教师通过对学生的信任、尊重、支持，理解他们的处境，相信他们的能力，尊重他们的人格，支持他们的创造精神，从而激发他们的积极性、主动性、创造性。

（三）目标激励法

对学生而言，一个目标往往能帮助其明确前进方向，进而一步步达成学校规定的个人发展目标。目标激励法与高校思想政治教育的结合可以使学生学习和生活的目的性更强。使用该方法应合理设置目标难度，确保通过科学的目标设定引领学生一步步走向成功。在高校思想政治教育中运用目标激励法，可以强化学生的主体意识。目标既不宜过高，也不宜过低；既要有挑战性，也要有实现的可能。只有为学生树立方向正确、难度合理、具有价值的目标，才可以最大限度地激发学生接受思想政治教育的热情。高校思想政治教育应当重视目标激励，通过建立合适的目标体系，使学生在不断完成各项目标的过程中培养高尚的个人修养，提高自身能力，成为可以为祖国与社会主义现代化建设做出突出贡献，且思想品德崇高的社会主义事业接班人。

（四）竞争激励法

竞争激励法是指充分利用学生的上进心理和争胜心理，通过批评、评比等形式在学生中营造一种相互竞争、不甘落后、争取优胜的氛围，形成竞争压力，取得激励效果，从而推动学生朝着正确目标努力、奋斗的一种方法。在高校思想政治教育中运用这一方法，就是要利用学生的竞争意识激发他们的积极性。

六、心理疏导法

高校思想政治教育肩负着塑造学生正确价值观、培养学生优秀思想政治素质的重要使命。在这一过程中，心理疏导法作为一种先进的教育方法，强调在对学生进行心理疏导的基础上，进一步进行价值引领。在学生心理问题日益凸显的当下，心理疏导法成为解决这些问题的有效途径之一。它不仅能够增强高校思想政治教育的亲和力和针对性，还是促进学生身心健康发展的必然选择。

（一）心理疏导法的内涵

1. 心理疏导法的概念

心理疏导法起源于心理学，是对认知心理学基础的深化。心理疏导法有狭义和广义之分。狭义的心理疏导法是指心理理疗领域由专人帮助病患进行心理疏通引导，从而实现对疾病的治疗，使身体健康发展的治疗方法。广义的心理疏导法是指专业的心理疏导者通过语言或非语言的沟通方式，深入个体的心理层面进行疏通和引导。这一过程中，心理疏导者运用心理学的基本理论和专业技能，旨在帮助被疏导者解决心理问题，培养良好的心理状态，并提升他们的适应能力，从而推动其人格的健康和全面发展。

2. 高校思想政治教育中的心理疏导

在高校思想政治教育中，心理疏导特指心理疏导者运用专业的心理学理论和技巧，借助解释、说明、教育、支持、帮助等多种方式，与学生进行深入的共情交流、思想交流。进行心理疏导可以改变和影响学生的思想和行为，促进学生的身心健康发展。

在高校思想政治教育中，心理疏导的主体是具备心理学背景或掌握相关心理学知识的思想政治教育工作者。他们不仅拥有教育学、心理学以及坚实的思想政治理论基础，还熟练掌握并灵活运用心理疏导的各种方法和技能。这些工作者通过有效的方式引导和帮助学生，特别是那些在日常学习、工作、生活中因各种原因产生心理困惑或存在心理障碍的学生，清除他们的负面情绪，培养他们理性平和的心态。心理疏导的对象具有广泛的代表性，涵盖了因各种原因产生心理问题的学生群体。

心理疏导在高校思想政治教育中既要致力于解决学生面临的各类具体问题，帮助他们摆脱心理障碍，也要进一步挖掘和开发他们的心理潜能，从而促进他们健康成长。此外，心理疏导的关注点不只局限于存在心理问题的学生，而是包括全体学生。相比于心理咨询，心理疏导的应用范围更为广泛。它并不依赖于特定的心理咨询场所，而是可以在课堂等多种场景中进行。例如，面向全体学生开设心理健康课程、举办各类心理咨询活动、提供心理咨询服务以及进行心理危机干预等都是心理疏导的有效形式。

（二）心理疏导法的原则

进行心理疏导的前期要做到“价值尊重”。教师对学生进行心理疏导时，要以真诚为基础，让接受心理疏导的学生充分感受到真诚、信任和接纳。要充分肯定学生在心理矛盾中的积极因素。在心理疏导的中期，要做到“心理沟通”。在对学生进行情绪疏导、事理分析的同时调动学生自身的力量，使其充分认识到原有价值观和应有价值观之间的差异，并积极探索寻求解决之法。在心理疏导的深化阶段，强调“价值引领”的原则，旨在引导学生树立并坚定正确的价值观。这一过程致力于提升学生的思想政治素质和道德素质，确保他们能够在面对各种复杂情境时都能以高尚的道德情操和坚定的理想信念为指导，做出明智而负责任的决策。

（三）心理疏导法的路径

1. 全面了解学生

高校学生处于一个极易塑造又极不稳定的时期，这对扮演心理疏导者角色的教师正确关怀和引导学生提出了新的要求。对于每一名学生，既要了解他们入校前的学习及生活经历、入学的目的，以及入校后在学习、生活、未来理想等各方面的期望和想法，也要全面清醒地认识每一名学生政治上不断成熟的想法和趋势。教师要走到学生中去，拉进与学生之间的距离，理解学生的真实想法和诉求，以实践出真知，积累心理疏导的方法和经验。

2. 提高学生主动接受心理疏导的意识

第一，要转变学生对思想政治教育中心理疏导的错误认识。学生的心理疏导是一个综合性的过程，不仅需要学生自我学习以增强对心理健康的认识，还需要教师的悉心指导。为了更有效地推进心理疏导工作，应加大宣传力度，通过多渠道、多平台普及心理疏导知识，让学生全面了解心理疏导的重要性、地位和作用，并消除对心理疏导的误解和偏见。定期组织心理疏导的集体活动，利用集体的力量增强学生对心理疏导的认同感和信任感。同时，引导学生树立“以学生为本”的心理疏导理念，鼓励他们在遇到心理困惑时主动向教师求助，积极表达自己的感受和需要。此外，举办与心理疏导相关的知识竞答活动也是一个有效的途径。心理疏导者应采用通俗易懂的语言，结合大学校园生活的实际，设计活动主题，以检验学生对心理疏导知识的掌握程度。在活动中，教师可以对关键问题进行深入解析和点拨，以帮助学生更好地理解和接受心理疏导。

第二，教师要抓准疏导时机，以促进学生主动接受心理疏导。首先，抓住疏导的情绪时机。学生情绪的稳定对于教师的疏导工作非常重要，只有情绪稳定状态的学生才可以接受新的事物和思想，而在情绪不稳定的混乱状态下进行疏导反而会让学生产生抵触心理。其次，抓住疏导的事件时机。人在遇到困难时，通常需要借助外界的力量实现自我平衡。当学生在学习和生活中遭遇挫折与失败时，理想与现实之间的落差往往使他们情绪低落、心灵脆弱，并渴望找到倾诉的对象。教师应当敏锐地捕捉这些时刻，及时对学生进行心理疏导。在这个过程中，耐心倾听学生的心声是至关重要的，通过倾听，教师可以深入了解学生的困扰，为他们提供有针对性的建议。同时，教师还应及时解答学生的疑惑，消除他们的顾虑，帮助他们重新建立信心，面对挑战。

3. 完善高校思想政治教育中心理疏导的内容

教师在进行心理疏导时，必须针对每一名学生的具体情况进行细致入微的分析。每个学生都是独一无二的，他们的心理变化和心理困扰都有其独特的背景和成因，因此，心理疏导方法不能一概而论，更不能简单地照搬心理疏导理论。教师需要深入了解每一名学生的心理特点、困扰原因及其程度，制订出最符合他们个人需求的疏导方案，以确保心理疏导工作能够真正起到实效，帮助学生走出心理困境，恢复健康心态。

当今社会经济、政治、文化等各方面都有着长足的发展和提高，学生也面临着更加多元复杂的心理问题。面对新问题要有新思路，高校思想政治教育心理疏导的理论体系也需要不断地创新发展。

心理疏导工作需紧密结合学生的心理成长特点，采用最合适的疏导策略和方法。心理疏导的内容应避免单调，力求多样化，以满足不同学生的需求。同时，心理疏导形式也应追求创新，以新颖有趣的方式激发学生的参与热情，从而更好地促进他们的心理健康发展。

目前，高校心理疏导内容主要有情绪疏导、认知疏导、适应疏导等。教师在开展心理疏导时，必须坚持理论与实践相结合。进行心理疏导的教师不仅需要具备扎实的专业知识，还要致力于帮助学生认识到自身在社会中的独特价值。尽管学生在心理疏导过程中可能无法立即完全理解自己的社会价值，但通过不断的学习和实践，他们将逐步提升自我，更好地适应社会环境。这种心理疏导的引导范围并不只局限于校园生活，更重要的是引导学生为毕业后的社会适应做好准备，从而让他们在未来的生活中充分发挥自己的潜力，实现个人价值。

4. 发挥心理疏导中学生的主体性

心理疏导应大力发挥学生的主体性。在心理疏导过程中，学生需要在教师的引导下，勇于将自己的问题和需求坦诚地倾诉出来，以便教师能够深入了解并准确把握他们面临的困境。基于这些具体的问题，教师将有针对性地制订合适的解决方案。为了实现这一目标，教师必须自觉地将学生置于主体地位，让他们成为疏导过程的核心。通过发挥学生的主体性，可以帮助他们在接受心理疏导后，转变原有的错误思想和消极态度，引导他们树立正确的价值观，从而在今后的学习和工作中展现出更加积极、向上的精神风貌。

5. 优化高校思想政治教育中心理疏导的方法

在心理疏导的过程中，应当积极肯定那些仍然具备价值的传统方法，并继续加以运用。对于那些已经失去实际应用价值的旧方法，应当果断地采取新的、更有效的疏导方法来替代。目前高校思想政治教育中常用的心理疏导方法如下。

（1）激励疏导法

激励疏导法的特点在于肯定和鼓励人的正确行为，激发其主观能动性，调动其积极性和创造力，从而为取得更大的成就做好充分准备。常用的激励疏导法有如下几种。

一是目标激励法。目标激励法是一种通过设定明确目标来持续激发人们向前迈进的动力的方法。在学生群体中，它能够有效地调动他们的积极性、主动性和创造性，进而实现教育的最终目标。一个鼓舞人心的目标不仅能够点燃人们的希望之火，还能产生催人奋进的力量，极大地激发个体的主观能动性。值得教师特别注意的是，在激励学生时，应引导他们根据自身情况制定合理且正确的个人目标，以确保这些目标既具有挑战性又具备可行性，从而最大限度地发挥目标激励法的积极作用。

二是强化激励法。强化激励法是通过对学生行为的肯定或否定来影响他们继续或终止某种行为的方法。在运用这一方法时，特别要注意奖励措施的及时性和有效性，因为任何拖延都可能削弱其预期效果。教师作为疏导者，应当毫不吝啬地赞赏学生展现出的正确且积极的行为，以强化他们继续保持这些行为的动机；同时，对于错误的行为，应明确指出并予以批评，帮助学生认识到问题所在，引导他们改正并避免再次发生。

三是信任激励法。信任激励法是指通过对学生展现出的信任、认可和尊重，激发学生的内在动力，促使他们更加积极、主动地成长的一种方法。这种方法不仅让学生感受到来自他人的认同和鼓励，还能显著增强他们的自信心和自尊心，从而进一步提升他们的积极性和参与度。在信任激励法的引导下，学生更有可能形成健康的人格特质，为他们的长远发展奠定坚实基础。

（2）渗透疏导法

渗透疏导法是一种运用无意识教育原理，采取隐性教育模式的方法，旨在通过潜移默化的方式将疏导工作巧妙地融入学生的培养过程中。这种方法强调在不知不觉中对学生的心理进行疏导，让学生在不知不觉中接受正面的影响，从而逐渐形成良好的心理品质和行为习惯。从医学角度来看，人类的大脑在无意识状态下对行为的控制力量是异常强大的。因此，通过渗透疏导法，教师可以在学生不察觉的情况下悄然影响他们的心理状态，引导他们形成更健康的思维和行为模式，从而促进他们的全面成长和发展。

（3）互动疏导法

互动疏导法是一种基于师生平等、相互尊重和彼此信任的心理疏导方法。这种方法深入学生生活，以贴近学生的方式展开，因此更容易被学生接受和认同。在互动疏导法中，师生建立起一种平等的交流模式，通过对话与倾听，双方能够相互启发、相互学习。随着教师对学生关心和爱护的增加，学生对教师的信任度也会逐渐增强，形成一种良好的师生信任关系。这种平等的沟通机制特别强调学生的主体性和能动性，鼓励学生进行自我反思和自我教育。不同于传统的疏导模式，互动疏导法摒弃了单纯的说教方式，而是将学生置于核心地位。在互动疏导法中，教师会以学生为中心，耐心倾听学生的问题和需求，成为学生的知心朋友，共同探索解决心理困扰的途径。对于学生错误的思想和言行不做批评，避免抵触情绪带来的不良后果，在了解的基础上进行沟通引导，与学生在民主、平等的氛围中进行交流，使学生在交流中发挥自主性，实现自我成长。

6. 加强高校思想政治教育中心理疏导队伍的建设

（1）推进心理疏导队伍专业化发展

一是要加强专业培训，提高心理疏导教师的专业水平。必须构建一套完善的、系统的培训制度体系，这一制度体系应贯穿高校工作的始终，无论是在职前培养阶段还是在职期间，都应提供持续的学习培训机会。通过精心设计的培训计划和课程，为心理疏导人才创造优良的学习和培训条件，确保他们在入职前便具备扎实的专业基础，在职期间也能不断提升自身的专业能力和水平。

二是打通心理疏导教师晋升渠道。专职心理疏导教师的晋升渠道分为两大类：行政路线和教师路线。对于那些被列入行政路线的专职心理疏导教师来说，若要实现职业上的发展，晋升行政职务并确定相应的管理等级是至关重要的。缺乏这些晋升路径，他们可能会面临职业发展的瓶颈，难以有进一步的提升。为了支持这些教育工作者，教育部已经出台了一系列相关政策性文件，这些文件不仅增加了高校中心理素质教育相关专业的教育工作者数量，而且为他们提供了相应的政策支持和指导，以帮助他们更好地发展和成长。

（2）组建结构合理的心理疏导队伍

目前，部分高校专职心理疏导教师数量不足，不能满足高校对学生心理问题进行疏导的实际需求。高校应推进心理疏导队伍规模的扩大，以组建一支由专职与兼职教师共同构成的互补型心理疏导队伍。这一过程中，应从校内外广泛挖掘并吸收具备心理学、教育学等相关专业知识背景的人员，如心理学、教育学专业的教师、高校辅导员、心理危机干预专家、心理咨询师以及精神科医生等，以构建一支多学科交叉融合的心理疏导队伍。这样的队伍将能够基于多角度，结合丰富的实践经验，深入分析和研究学生的心理问题，为学生提供更加全面、专业的心理疏导服务。

七、实践教育法

实践教育法是一种教育手段，其核心在于教师引导学生积极参与各种实践活动。通过实践活动，学生能够在实际操作中提升思想素质和认识能力，即在改造客观世界的同时，也能深化和完善自己的主观世界。辩证唯物主义明确指出，社会实践是连接人与外部世界的重要桥梁，是正确思想得以形成和发展的根本源泉，更是检验思想是否正确的唯一标准。因此，实践教育法对于帮助学生建立并巩固正确的世界观、人生观和价值观具有不可或缺的重要作用。

（一）实践教育法的形式

1. 社会服务活动

社会服务活动就是指教师组织学生运用自己的智力、知识、技能和体力等主动开展社会服务，为人们提供帮助、解决困难的活动。例如，开展各种青年志愿者活动，就可以培养青少年的集体主义精神和奉献精神。它的内容和方式多种多样。按服务的方式来分，有劳务服务、咨询服务、智力服务；按范围来分，有群体服务、个体服务；按服务的内容来分，有生产服务、生活服务、科技服务和信息服务等。

2. 生产劳动

生产劳动就是组织学生利用一定的时间直接参加生产劳动，使学生在生产劳动过程中逐步形成正确的劳动观点，培养热爱劳动、热爱劳动人民、珍惜劳动成果的思想，养成良好的劳动习惯。它是实践教育的重要方式之一，根据不同的标准也可以分为不同的种类。按类别来分，有农业生产劳动、工业生产劳动；按性质来分，有集体生产劳动、家庭生产劳动等。经常组织学生参加生产劳动不仅能帮助其形成正确的劳动观念，而且还能促进学生正确认识社会各种职业，珍惜别人的劳动成果，形成健康的心理状态。

3. 社会调查活动

社会调查活动是指组织学生深入社会和基层，通过有计划、有目的的考察、访谈和调查研究，了解客观现实情况，加深对社会的了解和全面认识的实践活动。社会调查活动包括问卷调查、访谈调查和座谈等形式，它可以帮助学生将理论与实际结合起来，形成实事求是的作风。在开展社会调查活动时，需要有明确的目的，并科学选择调查对象，使学生在调查活动过程中了解实际情况，提高高校思想政治教育的效果。

（二）实践教育法的要求

在运用实践教育法时，要注意把握以下几点要求。

1. 要深入社会实际

学生要深入了解社会实际，必须要有虚心的态度、吃苦的精神，主动地接触社会、认识社会，并在社会实践中了解和把握实际情况。

2. 认真调查

学生要针对自己疑惑的问题，或人们广泛关注的国计民生问题，进行广泛调查，包括访谈、座谈和问卷调查的多种形式的运用。学生可以从社会实践或调查中，真正了解国情和社会热点问题。

3. 积极体验

学生要积极参与社会实践活动，并在实践活动中认真体验、积极感悟。唯有经过积极的劳动锻炼、深入社会的调查，并熟悉业务活动的运作，学生才能收获真切的体验和感悟。这种深刻的体验不仅能够触动其思想和行为，更能促使学生积极地将思想政治教育理论内化为自身的价值观和行为准则。通过这样的过程，学生能够实现思想、理论和实践的相互融合，从而达到思想政治教育的最终目的。

第三节　大数据背景下的高校思想政治教育方法

大数据技术的迅猛发展深刻改变了高校思想政治教育的内外生态环境，并促使学生的思想意识和价值观念呈现出多样化的发展特点。面对这一新形势，优化和创新方法显得尤为重要。必须积极探索如何将大数据技术有效融入高校思想政治教育，以推动其创新发展，从而更好地适应时代需求，培养出具有高尚道德品质和全面素质的新时代学生。

一、大数据育人法

随着高校信息化建设的不断深入，教育大数据正成为推动高校育人工作创新的强大动力和发展智慧教育的关键基石。充分利用大数据技术能够深入挖掘、精准采集、高效处理和深入分析各平台的信息数据，进而促进各平台之间的优化组合和有机整合，构建出全方位、一体化的育人新平台。

（一）注重统筹大数据资源，实现教育过程的深度一体化

大数据技术有利于科学把握大数据规律，助力教育内容的充分共享。大数据分析技术能够积极促进移动视频、音频、“三微一端”（微博、微信、微视、移动客户端）、网络社区、专题网站等网络教育资源的全面在线共享。通过强化教育内容的“微传播”，推动一站式共享服务。注重深入分析学生日常网络表达和网络行为，精准把握学生的思想动态和实际需求，从而加强教育服务的精准性，推动相关工作的个性化、差异化、即时化和碎片化，以满足不同学生的多样化需求。

（二）大力开发大数据价值，推进多种教育方式的有机融合

大数据时代，可以充分利用高校思想政治教育的内容、方法和过程，发挥其定量化、数据化和可视化呈现的优势，进而推动育人平台、时空、环境的虚实结合与方式方法的重构。借助大数据技术，可以精准捕捉并分析各类线上平台的数据，寻找线上与线下平台的融合点，促进线上线下教育资源与平台的深度融合和有机对接，确保高校思想政治教育以最佳形式覆盖不同受众。

二、互联网思维育人法

互联网的演变表现为从单纯的实践工具到深入人心的实践思维，这一转变的

根源在于数字信息技术的迅猛扩张。如今，互联网已无孔不入地渗透到人们的生活和生产活动中。这种深度渗透使得互联网逐渐成为人们日常生活中不可或缺的基础性平台和时空，从而对整个社会实践形态进行了全新的“升级改版”。网络对现实生活的深刻渗透和改变，恰如2015年习近平主席在第二届世界互联网大会开幕式上所讲：“以互联网为代表的信息技术日新月异，引领了社会生产新变革，创造了人类生活新空间，拓展了国家治理新领域，极大提高了人类认识世界、改造世界的能力。互联网让世界变成了‘鸡犬之声相闻’的地球村，相隔万里的人们不再‘老死不相往来’。可以说，世界因互联网而更多彩，生活因互联网而更丰富。”[①]

虽然当前人们对“互联网思维”的概念和内涵尚未形成统一的认知，但其核心理念如“用户至上”“体验为王”“免费模式”“颠覆式创新”等已得到了广泛接纳。更值得一提的是，它所蕴含的基本价值追求，如“求真”“开放”“平等”“协作”“分享”，以及具体的思维维度如“用户中心”“专注”“简捷”“整合”“极致”“口碑”“流量”“大数据”“平台化”“跨界融合”等，正日益引发人们的强烈共鸣。这种思维不仅充分展现了互联网“连接一切”的技术特性，还深刻契合了现代人的生活体验，成为大数据时代最具启发性和引领性的思维方向。它对于打破传统思维桎梏、创新生活模式具有重要的指导意义。特别是在高校思想政治教育领域，将互联网思维用于大数据背景下高校思想政治教育方法的改进和创新，将具有特别重要的意义，有助于推动教育模式的更新和升级。

三、虚实一体育人法

在大数据时代的浪潮中，最令人叹为观止的莫过于数字技术所构建的全新虚拟空间和虚拟世界。这些创新不仅开启了人类前所未有的虚拟生存与实践之旅，还在多个维度上给人们带来了超越性的体验和感受。从最初的信息工具到如今的交往社区，从单一的生活平台到不可或缺的生存基础，网络虚拟生存与虚拟实践正日益渗透并丰富着我们的世界。

虚拟生存作为一种新型且相对独立的人类生存实践形态，其本质可视为现实生存实践在虚拟时空中的自然延伸和深化。在大数据时代之前，人类的生活主要局限于真实的生活世界。随着科技的进步，现在人类不仅生活在现实世界中，还生活在由数字技术构建的虚拟世界中。虚拟生存与现实生存在今天已经密不可分，它们相互交织、相互塑造、相互融通，共同塑造了真实而全新的存在方式。这种

① 中共中央文献研究室编. 习近平关于科技创新论述摘编 [M]. 北京：中央文献出版社，2016.

既真实又虚拟的存在状态要求在当代高校思想政治教育中必须采用虚实一体育人的方法。这样的教育方法能够更好地适应和引领当代学生的生活实践，为他们提供更为全面和深入的教育指导。

虚实一体育人法的核心在于平衡网络虚拟世界与现实生活世界的思想教育。首先，应充分重视并利用网络渠道、平台、社区及空间，将健康的文化生活、及时的管理服务以及有效的价值引领融入其中，使其变得丰富多彩、生动有趣，以强大的吸引力和教育力影响学生。同时，也不能忽视面对面的现实生活世界中的思想引导，通过更加细致有力的“在场”交流丰富学生的精神世界，推动学生基于现实生活的健康发展。在大数据时代，高校网络思想政治教育的重要性不言而喻，但过度依赖网络而忽视线下思想引导却是极其危险的。这种偏颇可能导致网络思想政治教育的表面繁荣，而实际上却掩盖了思想政治教育本身的停滞或倒退。

因此，随着大数据时代的不断深化，高校思想政治教育亟需从整体视角进行再设计。将网络虚拟空间的教育引导与客观现实世界的教育引导紧密结合，共同推进，构建一种虚实一体化的育人模式。这种模式的实施旨在取得更高效、更全面的教育效果，从而使学生能够在虚拟与现实两个世界中都得到充分的成长和发展。

四、文化场育人法

人创造文化，同时也是文化的产物。一个民族的文化传统和一个国家的文化品格对生活成长其中的个体具有最深刻、最持久的思想行为塑造力。所谓教育，在本质上就是以文化人。“大学就是通过文化培养人、‘创造’人的。大学的出现，是为了继承文化、传播文化、创造文化，通过文化的继承、传播和创造，促进受教育者的社会化、个性化、文明化，从而塑造健全的人、完善的人。”“大学的教育教学过程，实质上是一个有目的、有计划的文化过程。所谓教书育人、管理育人、服务育人、环境育人，说到底都是文化育人。”①

显然，先进健康的文化是推动社会进步的重要动力，它能够给人们的交往行为、实践活动、认识活动和思维方式带来积极且持久的正面影响。优质的文化不仅能丰富人的精神世界，还能增强人的精神力量，促进人的全面发展。从高校文化育人的实际操作来看，仍面临挑战。部分高校在思想认识上尚未给予足够的重视，文化育人理念模糊，文化建设工作的体制机制亟待完善。在育人设计与实

① 袁贵仁．加强大学文化研究 推进大学文化建设 [J]. 中国大学教学，2002（10）：4-5.

施上，往往缺乏系统性，活动开展显得零散随意，文化活动与专业教育脱节，甚至存在“两张皮”的现象。此外，文化育人经费的投入不足，使得育人工作难以深入，常常浮于表面，无法真正触及学生的内心，形成持久而深刻的育人影响。这些问题有时会导致学生对文化育人活动产生反感，不愿参与，使得文化育人的真实作用无法得到有效发挥。因此，必须切实树立系统实施的理念，全面构建和运用文化场育人法，以确保文化育人工作能够深入人心，产生深远持久的影响。

场作为一个物理学术语，是指某种空间区域，在这一区域内某一物体能对与之不相接触的物体施加一种力。这种力虽然看不见摸不着，但它确实存在，如引力、斥力、电磁力等。鉴于物理学中的“场”概念已被证实为一种真实的存在，这一概念逐渐被引入社会科学领域，并在其中获得了广泛的应用。在当代社会科学中，“场”论观点被大量引用来解析事物间及事物与环境之间的关系，催生出了“舆论场”“心理场”“审美场”“文化场”“气场”等丰富的社会科学理论。“文化场”描述的是一个能够对身处其中的人产生持久而深刻的影响力、感召力、浸润力和塑造力的文化环境。其中，最为关键的是这种持久而深刻的“力”。然而，许多看似热闹的校园文化活动和繁多的文化产品往往未能对学生产生积极、向上的影响。这其中的原因，要么是这些活动和产品本身的质量不高，对直接或间接参与者都缺乏足够的影响力和感召力；要么即使它们的质量上乘，但由于缺乏必要的连续性和可持续性，也难以形成深入人心的浸润力和塑造力。

基于大数据背景运用文化场育人法时，首要任务是明确方向，强化问题导向，紧密结合立德树人的工作实际和学生全面发展的内在需求，精心打造一系列高质量、有特色、可持续的文化育人品牌，确保每一个文化活动和产品都独具魅力，散发出强大而独特的吸引力，从而赢得校园师生的喜爱和认可。为了实现这一目标，要注重发挥每一个文化活动、措施或产品的“单场”效应。这包括创造富有感染力的环境设计布局，策划具有高度影响力的系列主题文化活动，构建师生共同体以深化融合力，以及推出特色鲜明的激励措施以促进学生创新成才，等等。这些活动一旦持续深入地推进，必将散发出浓郁的育人气息，为学生的全面发展提供有力的支持。

五、全主体育人法

高校思想政治教育的核心固然聚焦于政治观教育，但其根基则在于思想品德和“三观”教育。这一教育过程不仅关注学生健康的身心发展和健全的人格塑造，还致力于提升学生的文化素养、家国情怀，以及综合素质和发展能力。因此，从实施的角度来看，高校思想政治教育无疑是一项需要多方力量共同参与、多部门协同推进的庞大系统工程，其基本要求便是实现全主体育人，确保每一方力量都能为学生的全面发展贡献自己的力量。

全主体育人既是一个育人的认知原则，也是一个育人的实践方法。一方面，教育作为人类独有的传承与创新方式，其本质在于推动社会实践，助力人类不断迈向更美好的生活。为了取得显著成效，教育需要汇聚全社会的积极因素。在大数据时代，思想政治教育面临前所未有的挑战，这更需要集合各方力量共同应对。从宏观层面审视，全主体育人涉及政府、社会、学校、家庭及个体等多个主体。关键在于这些主体在育人理念、机制、措施等方面能够高度契合、有机衔接，共同构建一个有益于学生全面发展的良好环境，形成强大的育人合力。然而，当前高校思想政治教育的实效性尚显不足。这既源于高校思想政治教育实施本身的力度不足，也与整体教育环境的不完善、教育合力不够强大密切相关。另一方面，高校作为思想政治教育的核心阵地，其组织与实施的质量对于提升思想政治教育的实效性起着决定性作用。因此，在大数据时代，高校必须全面推进教育教学、管理服务等方面的综合改革与创新，充分激发全校教职工和学生的热情与活力，确保全校形成全主体育人的良好格局。从思想政治教育的本质来看，它不仅是大学育人共同体中全体教职工与学生之间深入互动的过程，这种互动具有普遍的参与性、互动的交往性、内容的丰富性和时空的持久性；它还是特定教师群体针对全体学生，有计划、有目的地施加系统化的思想影响与行为引导的过程，这一过程体现了内容的专业性、工作的系统性和目标的明确性。因此，高校思想政治教育必然是一项在大学这一特殊时空中进行的全主体育人事业，需要全体“大学人”，包括教职工和学生，以及所有大学机构的共同努力与付出，以确保思想政治教育的全面、深入和有效实施。

在实施全主体育人法的过程中，关键是要强化立德树人的使命共同体意识，并以此为基石，积极推动以人才培养为核心的现代教育治理体系的改革与创新。为了实现这一目标，需要从多个层面进行努力。首先，应以“管理科学、办学优质、评价合理”为指引，重构高等教育的国家治理结构体系。这包括优化教育资源配置，确保教育政策与决策的科学性，提升办学质量和教育效益，以及建立健全的评价机制等。其次，以“育人为本、追求卓越、动力强劲”为根本，健全高校内部的办学治校结构体系。这要求高校坚持以学生为本，注重培养学生的综合素质和创新能力，同时加强师资队伍建设，提高教师的教学水平和科研能力，为高校发展提供强劲的动力。最后，以“渠道畅通、依法依规、协同和谐”为重点，完善高等教育的社会参与结构体系。这包括加强高校与社会的联系，拓宽社会参与渠道，促进产学研深度融合，同时确保社会参与活动依法依规进行，加强各方协同合作，共同推动高等教育的和谐发展。

第五章　大数据背景下高校思想政治教育模式的优化

随着信息技术的飞速发展，大数据已经成为推动社会进步的重要力量，对各行各业都产生了深远的影响。在高校思想政治教育领域，大数据的引入不仅为教育工作者提供了新的视角和工具，而且促使人们重新审视并优化传统的教育模式。本章围绕高校思想政治教育模式的现状、高校思想政治教育的基本模式、大数据背景下的高校思想政治教育模式等方面展开研究。

第一节　高校思想政治教育模式的现状

一、高校思想政治教育模式方面取得的成绩

（一）教学模式实现创新

高校在思想政治理论教学上进行了一系列创新尝试。例如，沈阳理工大学报送的《XR+ 课程思政教学研究中心——基于数字技术的红色文化资源“动起来，活起来，用起来”应用推广》入围国家级思政类精品建设项目；洛阳科技职业学院参加了河南省高校思想政治理论课教学技能“大比武”等活动，展示了思想政治理论课教师队伍的教学能力及水平，并取得了优异成绩。

（二）实践教学成果显著

高校思想政治理论课实践教学，通过社会实践、志愿服务、实习实训等形式，为学生提供了多种实践机会，不仅培养了学生的社会责任感、团队合作能力和创新精神，还促进了学生的自我成长，取得了显著的成绩。

（三）教育内容与方法多样化

高校思想政治教育内容涵盖多个方面，包括思想认识教育、政治意识教育、

法治教育、实践教育、心理健康教育等，满足了学生多样化的学习需求。高校思想政治教育方法也日趋多样化，包括理论渗透法、思想引领法、讨论教学法、朋辈示范法、激励教育法、心理疏导法等，提高了学生的学习兴趣和参与度。

二、高校思想政治教育模式存在的问题

分析高校思想政治教育模式存在的问题有助于推进高校思想政治教育创新发展。

（一）思维模式存在的问题

1. 单维、求同的思维模式

当前高校思想政治教育思维模式的一个弊端在于思维的单一化和固定化。这种模式往往倾向于仅从一个思维角度和一个预设的结果出发，当面对多样化的学生和复杂的问题时，倾向于寻找一种标准化的方法，执行一种固定的工作流程。然而，这种缺乏多角度、多维度的系统考察和分析方式，难以深入理解和解决不同学生面临的实际问题，从而使得高校思想政治教育呈现出一种简单化和求同化的趋势，形成了单维、僵化的思维定式。传统的高校思想政治教育思维模式在具体实践中表现出明显的局限性，包括思维视角的单一化、教育观念的片面化、教育方法的机械化、教育手段的同一化，以及评价标准的教条化。这种思维定式倾向于强调共性而忽视个性，将人们的思考限制在特定的思维框架内，从而影响了思想政治教育的个性化开展。它忽略了具体教育对象的现实思想、心理特征和行为模式，忽视了人的发展的层次性和价值取向的多元性，也未能充分考虑不断变化的国际形势和国内形势。这种缺乏系统性和全局性的思维方式容易陷入非此即彼的形而上学陷阱，阻碍高校思想政治教育的创新与发展。

2. 保守、滞后的思维模式

在高校思想政治教育中，由于某些因素的制约，形成了一种保守且滞后的思维模式。具体表现为思想守旧、观念陈旧、实施措施滞后、工作缺乏主动性和创新精神，进而形成了一种依赖经验、墨守成规的思维定式。这种思维模式倾向于以过去的视角和标准来评估当前正在发生的深刻变革，并以此指导需要不断创新的高校思想政治工作。它常常被动地沿用那些自认为有价值但实则与现实情况脱节的旧有方法，迷恋过时的模式和经验，导致在高校思想政治教育过程中，所采取的措施和行动无法及时适应学生思想行为发展的实际阶段和进程。这不仅导致了思维上的惯性和盲目性，而且违背了人的思想行为逐步演变的基本规律，同时

也与高校思想政治教育动态发展的客观需求相悖。在当下的高校思想政治教育中，有的教师陷入了保守的思维模式，习惯于“依赖上级指示、等待政策文件、观察外界风向”，过于谨慎，追求稳妥，害怕承担风险，因此不愿创新。这种态度往往导致教师错失最佳时机来教育学生、启发学生、引导学生，以及化解学生思想中的矛盾。在面对复杂多变的新形势、新情况和新问题时，他们往往感到力不从心，处于被动状态。这种思维模式也成为阻碍高校思想政治教育理论创新机制、实践创新机制和自我反思机制建立和有效运转的关键因素。

（二）教育理念滞后

受传统习惯和经验主义的影响，当前的高校思想政治教育过程仍然存在个别的教育理念的问题。具体表现为“重教育，轻自我教育”和“重管理育人，轻服务育人”的倾向。换句话说，教师更多地关注向学生灌输思想政治教育内容，而较少关注引导学生在思想水平、政治素质与道德修养等方面进行自我教育。在日常工作中，“教育学生”和“管好学生”成为许多高校思想政治教师开展工作的主导思路，但在这种教育理念的指导下，学生往往在不自觉中被培养成了缺乏独立思考和自我教育能力的“襁褓中的孩子”。这不仅限制了他们个人潜能的发挥，而且不利于他们人格的完善和个性的发展。

实际上，高校思想政治教育应当充分认识到学生在教育实践中的核心地位，并真正以其为主体，要满足学生对于自我教育、自我管理和自我服务的需求。在重视外在教育干预、持续优化学生规章制度管理以及强调他律的同时，更要强化学生在自我教育、自我管理与自我服务方面的结合。鼓励学生在知识的海洋中自主探寻，学会探索并发现真理，从而获得对思想、政治与道德的深刻认识。进一步地，逐步引导学生积极走出校园，参与社会实践，通过实践的锻炼学会分辨真善美与假恶丑，从而实现人格的完善。

第二节 高校思想政治教育的基本模式

近年来，国内教育工作者对高校思想政治教育工作模式进行了创新和研究，形成了一系列颇具成效又各具特色的工作模式，其中最典型的有以下几种。

一、服务学习模式

服务学习作为一种新型学习模式，近年来发展迅速，引起世界上一些国家和地区的广泛参与。志愿服务作为服务学习的核心形式，主要参与者为在校学生。近年来，随着其迅速崛起，志愿服务已成为高校社会实践不可或缺的一环，对高校思想政治教育具有重大意义。将服务学习模式融入高校思想政治教育不仅有助于深化我国高校志愿服务实践的研究，而且为思想政治教育工作开辟了新的路径。[①]

（一）服务学习的内涵

服务学习是一种独特的教学方式，它将服务与实践紧密结合，以学习为导向。从广义的角度来看，任何能够对学生知识、能力和品德产生积极影响的活动都可以被视作服务学习的一部分。然而，在严格意义上，服务学习强调的是服务与系统化学习的紧密结合。这意味着学生不仅参与服务实践，还通过实践来深化对理论知识的理解和应用，进而丰富他们的知识体系，完善他们的品格，提升他们的技能水平。服务学习的主要特征在于其服务与学习的相互依赖和相互促进，二者并重，共同构成了服务学习的核心。

社区服务虽然以公益性为核心，但通常与教学和课程没有直接联系，且缺乏对学生事后自我反思和讨论的强调。相比之下，服务学习则是一种融合公益与实践教学的独特方法，其核心在于课程、服务与反思的紧密结合。服务学习活动经过精心组织，设定明确的学习目标，旨在引导学生在服务过程中将课堂所学知识应用于实践，同时鼓励他们进行反思和讨论，以巩固和深化所学知识。

（二）服务学习模式的构建

高校思想政治教育活动的开展通常采用两种方法：一是通过第一课堂进行系统的理论授课；二是在第二课堂的日常工作中，以课外活动为载体进行思想政治教育。如今，为了丰富教育形式并提升教育效果，高校思想政治教育正在积极引入服务学习模式，这一模式旨在将服务学习的理念与日常教学形式相结合，从而为学生提供更为丰富和深入的学习体验。

高校思想政治教育主要采取授课方式，同时积极将服务学习融入第一课堂的思想政治教育中。在这一模式下，学生需按照课程学习内容积极参与社会实践服务，以此实现理论知识的内化与外化。值得强调的是，思想政治教育服务学习应紧密结合高校思想政治教育理论课，优化过去单纯说教的授课形式。这样的结合能够引导学生将所学理论真正应用于实践中，培养他们的思考能力和反思精神，最终达到教书育人的目的。

① 宫建伟．大学生思想政治教育“服务学习”模式研究[J]．学校党建与思想教育，2015（7）：32-33，42.

高校思想政治教育同样在第二课堂的日常工作中以课外活动的形式广泛开展。高校精心策划并组织，将志愿服务活动与思想政治学习紧密结合。在学校相关政策和规范的指引下，相关部门或学生自行设计、策划并实施各类服务活动。这些服务活动与一般的实践活动有所不同，它们特别注重学生的成长与发展。学校会配备或由学生自行邀请指导教师，对参与服务学习的学生进行专业的培训与监督，确保活动的顺利进行。同时，指导教师还会引导学生对服务过程进行深入反思，帮助他们从实践中汲取经验，提升自我。最后，教师会给予学生公正的评价，以激励他们不断进步。

为确保高校思想政治教育服务学习模式的顺利发展，必须正视并克服现实中存在的挑战，共同创造一个优良的外部环境。这一目标的实现需要政府、社会以及学校三方共同的努力和协调。政府的重视和政策支持、社会的广泛认可与参与，以及学校教育观念的更新与转变，都是不可或缺的要素。构建服务学习模式是一项长期而艰巨的任务，必须科学地规划和设计高校思想政治教育服务学习活动。

二、网络教育模式

随着网络在我国不断普及和深入发展，越来越多的学生开始进入网络世界，网络对当代学生的影响也日益显著。它不仅在行为模式上塑造着学生的习惯，还在价值取向、政治态度、心理发展和道德观念等方面产生着越来越大的影响。要主动占领网络思想政治教育新阵地，就要运用技术、法律、行政手段，加强校园网的管理，严防各种有害信息在网上传播，牢牢把握网络思想政治教育主动权。这给我们指出了网络思想政治教育的工作方向，即要占领网络阵地的制高点，一手抓网络建设，一手抓网络管理。

（一）高校网络思想政治教育体系建设

校园网作为学校师生的重要教学、科研和综合信息服务平台，以宽带多媒体的形式为师生提供丰富的网络资源。在大数据背景下，高校思想政治教育的先导性、实效性以及主导性正面临着前所未有的挑战。为了应对这些挑战，必须积极投身于信息高速公路的建设，努力在网络世界中驾驭好思想政治教育的“车辆”，从被动转为主动，从而开创德育工作的新局面。[①]学校应首先实施“铺路”工程，大力加强校园网等基础设施建设。高校网络思想政治教育体系建设主要从以下两方面入手。

---

① 夏红辉，王强．高校网络思想政治教育的现状及对策研究 [J]. 兰州交通大学学报，2008（2）：132-135.

1. 加强基础设施建设

基础设施建设是校园网的物质基础，包括硬件和软件两大部分。在校园网建设中，硬件部分的核心构成涵盖主干网以及子网中的各类设备和连接线，而软件部分则主要是基于操作系统以及众多专为校园网设计的应用软件。鉴于当今计算机技术、通信技术和网络技术的迅猛发展，以及设施设备的日新月异，为了确保网络持续保持其优势，必须将重心置于网络基础设施的建设之上。具体来说，校园网的硬件建设涵盖布线系统、服务器、工作站、交换机、路由器等一系列硬件设施，以及系统软件平台，这些共同构成了校园网络稳定运行的基石。网络硬件建设固然重要，但网络应用软件的建设也不可忽视。要正确处理好硬件和软件的关系。在校园网建设中，过分追求硬件设备的档次和规模而忽视软件建设的重要性，是一种常见的误区。盲目地认为学校设备的高档就等同于教育的现代化这种观点是极为不利的。为了有效推动校园网的发展，应采取“点上深入、面上拓展”的策略，即在注重硬件设备的基础上，更应深入挖掘和发挥软件的应用价值。应聚焦于“用”字，重视校园网关键性应用软件的配置与建设，避免因低水平重复开发教学软件而导致的人才和网络资源的浪费。因此，一方面要自主地逐步设计具有自己特色的应用系统，另一方面可引进现成的系统平台。

加强网络安全建设也应该是校园网建设的基本要求。随着网络迅速普及，安全性越来越引起人们的重视。如果硬件不安全，就会导致网络瘫痪；如果软件、数据不安全，就会造成重大的经济损失和不良的影响。网络的安全性对学校更是具有特殊的意义。因为学校是培养高素质人才的阵地，反动的、不健康的信息的流入将会对当代学生的身心健康造成严重危害。因此，在建设校园网的过程中必须加强网络的安全建设。

2. 加强相关人员培训

人员培训对于确保校园网正常运行起着至关重要的作用。在安排培训对象和培训内容时，需要具备高度的针对性，确保培训能够精准满足不同群体的实际需求，进而推动校园网在学校日常教学和管理中的有效应用。具体设想如下。

第一，针对主管校园网工作的各级领导，培训的重点应聚焦于观念的转变以及对本校校园网整体规划和框架的深入理解。

第二，对于校园网的管理和维护人员，鼓励并安排他们全面参与校园网的建设过程。让他们亲自完成校园网的系统集成不仅能够锻炼网管队伍的技术能力，还能在一定程度上节省经费开支。同时，这样的参与方式还能深化他们对校园网各硬件设备连接以及各类网管软件使用与维护的理解，进一步提升其专业素养和操作能力。

第三，对教学人员和学校其他职员根据上报需求的不同，进行分层次培训。

（二）加强思想政治教育主题网站和网页建设

我国高校思想政治教育网络工作已经取得了很大的成效。总的来说，学生群体在网络上积极创建思想政治教育主题网站和网页的情况较为普遍，而由校园官方或思想政治教育工作者自主建立的主题网站和网页则显得较为稀少。从整体上看，网络上的思想政治教育网站的水平参差不齐，缺乏鲜明的个性化特色以及生动有趣的育人界面。为了提升网络思想政治教育的效果，需要不断加强这些网页和网站的理论深度，使其内容更加丰富、形式更加多样，以更好地满足学生的需求。

1. 加强网站阵地建设

加强网站阵地建设，打造独具特色、吸引力强、影响深远的思想政治教育网站，是当前一项至关重要的基础工程。应积极拓宽网络思想政治教育阵地，以马克思列宁主义、毛泽东思想和中国特色社会主义理论体系为指导，牢牢掌握网络空间的话语权和主导权，确保网络成为传播正能量、弘扬社会主义核心价值观的重要平台。当前，特别要注重学习习近平新时代中国特色社会主义思想的重要精神和深刻内涵，确保网络思想政治教育有一个正确的舆论导向；要引导学生树立正确的世界观、人生观、价值观；要围绕一些重大的政治问题，旗帜鲜明地发表评论，进行积极引导，敢于批评错误言论，及时纠正错误信息。

2. 贴近校园建设

贴近校园建设是指在网络上搭建起一个专门的平台，并充分利用其“渗透式”隐形教育的优势。例如，通过高校网站上的论坛、聊天室以及其他相关栏目或版块，可以尝试将思想政治教育内容巧妙地融入其中，这不仅是一种有益的探索，还是推动高校思想政治教育与网络融合发展的有效手段。

3. 构建校园网络新闻立体平台

通过深度挖掘和利用校园新闻资源，可以将校报、广播、电视台等媒体资源进行有机整合，从而构建一个全方位的校园网络新闻立体平台。这一平台将专注于典型宣传、热点透视以及舆论引导工作，确保信息的及时传播与正面引导，进而在网络与现实中形成强大的思想政治教育合力，提升思想政治教育的整体效能。

三、思想政治教育与心理健康教育相结合模式

心理健康教育是高校思想政治教育的重要组成部分，也是当前思想政治教育需要强化的重点内容。无论是政治教育，还是思想教育与道德教育，心理因素都是上述教育的重要因素。任何人的思想政治品德的形成，无不从知、情、信、意、行这几个心理过程的基本要素的运动变化开始。也正因如此，这种模式在当前的思想政治教育工作中颇为流行。值得注意的是，当前流行的思想政治教育与心理健康教育结合模式，往往针对的是学生的心理问题的干预与治疗，其实质上是一种医学－生物模式。这种模式虽然重视了心理因素或心理品质的培育，但更注重的是体验、感悟和心理成长，指向的是行为适应，关注的更多是人际、团队意识、沟通、同理心、自我概念等领域，很少涉及政治、核心价值观、道德等高级心理活动领域。

四、服务型学生工作模式

服务型学生工作模式是一种以学生需求为核心，致力于为广大学生提供全方位服务的新型工作模式。它秉持“以人为本”的工作理念，将服务学生成长成才作为首要目标，并特别关注学生主体性的发展。在这种模式下，教育、管理、服务三者紧密相连，贯穿学生工作的始终。该模式通过构建系统的服务体系、实施规范的服务管理、组建专业的服务队伍以及采用高效的服务方式，致力于培养身心健康、个性鲜明且富有创业能力的时代青年。这种高校思想政治教育模式强调高校必须重视对学生需求的研究，尊重学生的正当权益，形成尊重教育对象、研究教育对象、服务教育对象、发展教育对象的良好格局。

五、发展型学生工作模式

发展型学生工作模式以促进学生的全面发展为主要内容，它要求从“人本理念”出发，着眼于解放人、为了人、发展人，强调人的自主性，凸显学生的主体意识。发展型学生工作模式以促进学生全面发展为基本特征和最终目标，将教育、管理和服务视为实现学生发展的过程和手段，通过整合学校、家庭和社会等有利于学生发展的资源环境，采取一系列有利于学生发展的政策措施，搭建有利于学生发展的平台，创造有利于学生发展的文化氛围，培养学生一种能使其在今后的人生道路上可以更好地学习和持续发展的能力，从而为学生终身发展奠定基础。

六、交往型思想政治教育工作模式

交往型思想政治教育工作模式秉承“主体间性教育”理念，将学生的政治思想教育视为在一定的情境下，通过主体间的知、情、意、行等身心互动而实现的认知→能力迁移→心灵升华过程。作为主要价值取向，以交往为其主要方法，在和谐、民主、宽松、融洽的教育环境中，师生通过知识、能力、思想价值的共生共享，引导学生的发展、促进学生的成长。交往型思想政治教育工作模式重视师生之间、生生之间思想、情感、体验的交叉汇合及理解对话，体现了思想政治教育的自觉性、启发性、激励性、民主性、实践性特征。

上述工作模式在我国高校思想政治教育中曾经或正在发挥着重要的作用，它们或是强调以学生为中心，或是以主体性教育、主体间性教育为价值取向。主体性教育是“成人”的教育，以培养健康、全面、和谐发展的社会性人格为目标，强调自我主体化与对象客体化，在一定程度上还原了教育的研究本质，但也体现出自我主义的倾向。然而在教育现实中，希望建立这种基于人与人之间完全的对称关系是不可能的，教师不可能强求学生完全像自己一样，具备同等的意识和觉知，具有同样的社会自我。主体间性倡导的互相理解仍然是知识论水平上的事情，它完全不能蕴含实践论上的积极结果。

第三节　大数据背景下的高校思想政治教育模式

一、混合式教学模式

（一）混合教学模式的应用基础

混合式教学模式是在行为主义、认知主义、建构主义的基础上形成的。站在哲学的角度来分析认知主义与行为主义，主要保持的是客观立场，而客观主义则认为世界是由客观的事物和与事物之间产生的关系所构成的，人们对事物的认知是客观的。由自身的认知系统所构成的知识，通过教学的模式就可以转移到人们的脑海之中。教学工作的开展就是最为有效的向学生传输知识的方式，但不同的是，认知主义学习理论更加关注于学生自身的认知主体作用。

行为主义的教学优势在于教学目标较为明确。通过外部的刺激以及知识的灌输，就能够形成一个集自动与机械化于一体的方式，从而使教师在教学过程中更加容易组织教学内容。它的劣势就是学生在学习的时候始终保持着被动的状态，难以发挥出自身的主动性与积极性，导致学生的创造性无法发挥出来，在外部的环境与学生学习的主体条件不相符时，就会降低学生的学习效率。认知主义教学优势主要是在教学过程中可以考虑学生自身的认知心理，在内容的选择以及组织上可以更加符合学生自身的认知结构，从而有效地提高教学效率。在传统的教学目标环境下，学生可以通过学习实现统一的知识结构梳理，从而更好地对学生进行管理，这样也可以充分发挥学生在学习过程中的积极性与主动性。主要的劣势就在于教学目标不能符合每一个学生的个性发展，统一的学习模式对一部分学生来说并不合适。

行为主义与认知主义的学习理论都关注知识的传输过程，也就是教学中主要的内容，就是帮助教师研究备课的方式，但是没有考虑学生的学习方式。主要的优点是可以在教学过程中发挥教师的主导作用，从而使教师在教学过程中根据自身的教学目标组织教学活动，但劣势是在这种教学方式中，学生很难发挥自身的积极主动性，从而导致无法充分发挥学生的认知主体作用。

建构主义学习理论认为每一个人的知识认知过程都是不同的，这也会产生不同的学习结果。因此，在教学过程中主要是促进学生的学习能力提升，而不是对学生的学习过程进行控制，主要的重点并不在于对于教学的内容进行设计，从而对学生的学习过程进行控制，而是希望能够达成自身制定的教育目标，更加专注于教学设计之中，为学生构建一个合适的学习环境，提高学生对于知识的获取能力，不仅要求学生自身通过外部环境转化自身的被动接受地位，转化成为自身主动学习的方式，而且还要成为知识的主动建构者。因此，教师要在教学过程中，转变自身的位置，由知识的传输者转化成为帮助学生学习的引导者，由此教师在广义上需要帮助学生创建良好的学习环境，促进学生自主学习，而不是主动帮助学生去学习。在建构主义的学习环境中，教师在教学的时候也需要使用全新的教育方法改变传统的教育模式中“教师是教学中心，专注于给学生灌输知识”的方式，以全新的教学模式和思想对整体教学环节进行设计。

建构主义在实际的问题情境之中，通过对社会交往以及周围环境的运用，就能够帮助学生解决现实的问题，从而使其掌握更加良好的学习技能。学生在自主控制自己学习过程的同时，也能制定符合自我实际情况的学习目标，这能够极大程度地发挥出学生的积极性、创造性与主动性，也是对学生学习能力进行培养的最佳途径，能够帮助学生理解一些平时难以理解的复杂知识内容，使其掌握更高水平的知识技能与社会技能。建构主义的劣势在于没有制定统一的学习目标，由此导致整体的学习评价过程十分困难，教师对于学习过程的组织也会有一定的困难，在学习过程中学生需要自主探索知识而不能采取传统的陈述式学习。因此，建构主义对于学生的自主学习能力以及自我控制力都有较高的要求。

（二）混合教学模式的实施

1. 课前准备工作的开展

（1）支持混合式教学的网络教学平台的选择

网络技术与大数据背景之间存在着相互促进、相互依存的关系。网络技术为大数据的产生、传输和处理提供了基础设施和高速通道，而大数据的出现和积累又推动了网络技术的不断创新和发展。在大数据背景下，尽管网络技术的广泛应用为教学交流提供了更为便捷的渠道，但这些沟通方式往往显得较为零散，对于教学的实际应用而言，这种分散性对教学的连续性是不小的挑战。因此，构建一个集成化的网络教学平台显得尤为重要。该平台不仅能够全面发布和管理教学内容，还能够支持在线教学、实时评价、项目学习以及发展性教学与教学管理等多项功能，为混合式教学模式的有效实施提供强有力的支持。目前，我国已有一些广受认可的网络教学平台凭借丰富的教学资源、先进的教学技术和便捷的操作体验，为广大师生提供了优质的网络教学环境，推动了混合式教学模式的广泛应用和发展。

（2）网络课程的设计与开发

在课程内容的设计开发上，需要确保教学目标十分显著并且拥有合理的教学结构，而这也是思想政治教育课程必须达成的教学基础目标之一。教学资源库为教师提供了海量的教学素材，同时，精品网络课程也为教师在设计课程时提供了宝贵的参考。在这些丰富的资源支持下，教师可以根据教学的实际需求精选出最适合的内容，并将其实际应用到课程中。

（3）课程资源的收集整理

在大数据背景下的高校思想政治教育中，混合教学模式中课程资源的运用属于基础内容。缺乏课程资源就仿佛教师在教学过程中没有内容一样，也就是说课程的教学内容是为了更好地帮助教师完成课程目标，而课堂上教师与学生所使用的教育资源都是为了能够满足课程内容的实际要求、帮助学生学习的拓展资源。课程内容通常采取讲解型的方式与交互型的方式融合在一起，并且按照相关的组织结构逻辑去排成网络课程。课程资源则是通过视频、音频以及文本等多元化的方式做成多媒体教学的微课件，它们既可以是直接讲解教育内容的教育资源，也可以是用于教育评价或者测验的考试试卷等资源，还可以是用于帮助学生拓展自身学习范围的文献内容等。

课程资源的整体设计与网络教学资源设计十分类似，都是通过网络教学平台来完成的。要想促进学生掌握良好的知识结构内容，就需要在资源内容的开发中转变自身的思维，将教学并重，也就是说不仅要开发一些相关的课件素材资源，还要开发一些自主研究与合作学习的相关学习资源，使资源的整体内容能够支持教学工作的实际运用。

（4）教学活动的选择和设计

开展教学活动的目的是在教学过程中更好地促进学生解决学习过程中遇到的问题，通过小组合作模式、分组交流模式和在线问答等一些常见的模式，就可以帮助教师更好地实现自身的教学目标。教学活动则可以根据教师事先设计好的课程目标以及内容和实际教学模式，按照教学的相关进度有针对性地进行，即可以把学习的不同章节知识点内容联系在一起，这样就可以充分发挥教学活动的作用，给学生创造良好的学习情境，并且还可以促进教师与学生、学生与学生之间的相互交流沟通。因此，通过运用正确的教学方式，就可以帮助教学活动顺利展开。例如，在开展解决探究性问题的教学活动时，教师需要首先按照不同的问题情境设置来帮助学生激发学习的兴趣，并且让学生在课上可以始终保持良好的注意力，而教师则可以按照实际的课程内容提出一些问题，并且在一定范围内给出相关的提示和材料，引发学生自主探究的兴趣，从而让学生不断运用网络去自主查找问题的答案与相关信息，再通过在线聊天的方式讨论和交流问题。

（5）教学环境使用培训

教学环境使用培训的核心意义在于，引导学生和教师充分运用网络教学平台和相关多媒体课件，让他们创设网络教学环境，从而显著提升整体教学的效率。这一培训不仅关注信息技术与课程资源的整合，还强调信息技术在学生学习过程中的实质性应用，使其成为学生学习的高级认知工具。借助这些认知工具，能够为学生创造出一个理想的学习情境，提供丰富多样的教学资源。学生可以在网络平台上自由搜索资源、练习知识，发表个人见解和观点，并与他人进行深入的交流与合作。这样的学习环境不仅有助于学生的知识积累和技能提升，还能培养他们的批判性思维和创新能力。完成学习后，教师可以通过平台及时评价学生的学习成果，并将反馈结果传达给学生，帮助他们了解自己的学习进度和存在的问题，从而进行有针对性的改进和提升。

（6）教学计划说明

在教学过程即将启动之际，教师需将整体课程的教学规划及各个阶段所采用的教学模式详尽地发布于指定的网络教学平台上，以便学生提前了解和准备。在课程教学的过程中，教师课前首先将本堂课程的学习计划公布在网络平台上，让学生自主观看，并且提前预习课程内容。教学计划应该包括教学目标、教学内容和教学方式以及教学安排与评价等内容。

2. 课堂教学工作的开展

（1）学习动机的激发和维持

在线教学是需要学生积极主动参与其中的，因此，教师在在线教学过程中，也可以通过讨论一些网络热门话题激励学生自主参与，并且还要多多和学生进行情感互动，鼓励学生不断在网络平台上参与学习过程，这也是有效弥补在线教学局限性的一种重要方式。教师在课堂教学中要多给学生一些发言的机会，多听取学生对知识学习的看法以及建议，并且要及时地鼓励学生，让学生对学习更加有信心，师生之间的情感交流可以让学生不断保持积极向上的学习态度，并且还可以始终维系着浓厚的学习兴趣，从而促进学生实现全面、整体地发展，还可以促进学生的健康成长。

（2）课程内容重点与难点讲解

针对课堂中一些重点知识内容的讲解，为了确保学生更加快速地掌握相应的知识内容，就需要帮助学生对知识结构进行构建。教师可以在课上使用自己已经设计好的多媒体课件内容，通过外部环境刺激学生的感官，帮助学生更好地对相关知识进行记忆。

（3）课堂讨论

课堂讨论可以是在线讨论的初始阶段，也可以是在线讨论的延续。课堂讨论可以帮助学生更好地掌握知识，促进学生的创新思维发展。因此，教师需要在课上给学生设计一个可以支持讨论的问题与空间，从而充分发挥学生的创造性思维，然后再积极引导学生，让学生自主探究问题的实际本质，而教师引导学生的主要方向则是让学生可以自由表达观点，但也要对他人的观点予以尊重，这样才可以更好地促进学生养成发散性思维，养成独立思考和多方面思考的好习惯。课堂讨论可以有多元化的方式，一般可以把学生先分成不同的小组，然后在组内讨论，之后组别之间相互讨论，最后由教师总结整体的讨论结果。

3. 课后基于网络的在线教学

（1）多媒体在线教学

在线网络教学平台上呈现出的一些教学课程资源或者教学内容与活动，使学生课后可以自己在线上自主复习课程的学习内容，并且针对自己已经掌握的知识进行深层次的探究，从而真正地理解知识。学生在运用网络教学平台时，可以使用网络教学平台上的学习本以及任务管理等一些相关的辅助学习工具。除了课程的整体教学内容外，教师和学生还可以通过辅助功能掌握更多的课程资源以及拓展知识，从而让学生在学习时发现更具创新性的观点以及思维，得到全新的启发，不断探索更加深层次的知识内容。

（2）在线智能答疑

学生在在线学习时经常会遇到一些困难的问题，或者这些问题本身就是在课堂教学中教师没有解决的问题，这时学生可以把自己遇到的问题直接上传到网络教学平台中的答疑系统上。对一些较为普遍的问题，教师可以直接整理问题的作答和解释，放到资源中心去，这样当其他学生遇到相同问题时，就可以直接观看，从而得到答案。当学生提出疑问时，智能化系统会自动在问题资源库中匹配相似问题。如果找到匹配的资源，系统会迅速给出答案；若资源库中尚未收录该问题，学生则需要等待教师或其他同学的解答。这样的智能系统不仅有效减轻了教师答疑的工作负担，提高了教学效率，而且让学生能够更快地获得答案，提高了学习的流畅性。此外，学生之间也可以相互解答问题，这种互助学习的方式不仅有助于知识的传播，还能在帮助他人的过程中深化自己的理解和记忆，实现共同成长。为了更好地提高学生的思维能力，或者针对一些较为普遍的问题，教师可以向答疑系统提出一些自己想出的问题，让学生作答，也可以自问自答，然后再把整体的资源整理到问题资源库中。这样通过答疑系统的运用就会收录到越来越多的问题资源，而学生需要等待教师回答的问题也会越来越少，从而有效地提升学习效率。

（3）在线讨论与交流

大数据背景下的网络教学拥有较为显著的交互性特征。网络的运用可以直接深入探究某一个问题，从而可以弥补在课堂教学中由课堂时间有限导致学生难以真正地对问题的深层次含义加以理解的不足。一般情况下的网络教学平台可以给学生提供相应的沟通交流板块，学生进入板块内部就能够了解到论坛中的实际内容。探讨的主题可以让教师设置，也可以让学生自己考虑。讨论大多以发表文章的方式进行，并且不会受到时间的限制，所有参与讨论的学生都可以发表自己对问题的见解。不同见解之间的相互碰撞就可以让学生更加深层次地理解一个较为复杂的问题，并且学生通过文章还可以表达自身的思想见解，从而极大程度地帮助学生提升逻辑思考能力和文字表达能力。运用网络教学平台可以直接记录每一个学生参与问题讨论的次数以及讨论的相关内容，这样也是考核学生的一个方式，可以让教师及时了解学生是否愿意积极主动地参与讨论，并且深入学习。

（4）在线教学评价

自我测试作业以及考试等各种评价模式都是为了保障教学质量的提升。在教学过程中的形成性评价，因为教学方式的不断改进，也为差异化教学提供了相应的依据。学生的学习评价过程可以运用网络教学平台进行，通过使用其中的一些试题资源库，让学生自动上交，并且系统还可以对学生的数据内容进行整体分析。教师可按照实际教学情况和进展，从试题库中精选内容组成试卷，供学生自测以巩固和复习知识。同时，教师还可以按照学生的学习状况布置更具开放性的试题作为考试内容，鼓励学生拓展思维。学生在学习过程中也可以随机抽取与自身学习内容相关的试题，自主组成试卷进行自我评价。对于客观性试题，系统能够直接批阅并给出答案，而主观性试题则需要教师批阅，以确保评价的准确性和公正性。学生每一次完成作业之后，系统都会给教师一个统计报表，而这一报表可以帮助教师更好地掌握学生的学习进度，从而对自身教学进度进行调整。

教师评价也是确保教学质量不断提升的一个重要方向。针对教师的评价，学生可以匿名给教师提出建议，教师也可以自己设计一些调查问卷放在网络教学平台上让学生填写获得教学反馈，进而有效改进自身当前的教学方式。

（5）基于项目的网际协作学习

基于项目的网际协作学习本质上是一种将班级学生划分为多个学习小组的教学模式。每个小组都会获得一个独特的学习项目，并在网络环境下协作完成。在网络平台为每个小组分配的学习空间里，成员共同推进项目内容。每个小组成员都有各自的项目目标，并且在完成个人任务后，可以分享在任务执行过程中遇到的问题，上传到讨论组和组内其他成员共同研究，再把自己收集到的项目资料内容放在小组的共享文件中与他人共享。这种学习模式能够帮助学生在学习的时候与他人沟通交流，从而帮助学生提高自身的协作能力与解决问题的能力。

二、“云课堂”教学模式

“云课堂”是一类面向教育和培训行业的互联网服务，是基于云计算技术的一种高效、便捷、实时互动的远程教学课堂形式。“云课堂”教学模式也称云教学模式。

（一）“云课堂”环境的构建

1. 智慧教室的建设

智慧教室中的“智慧”是指教室在空间以及软件方面的综合表现。在大数据和信息技术的帮助下，智慧教室所呈现出的教室信息化建设和信息化表现体现了一种动态和新型的智慧教室的存在。智慧教室为教师和学生提供了多方面的智能化服务和教学资源，在教学活动方面和设置方面有着多方面的应用和综合的表现。智慧教室出现的目的是更好地提高教学效果，提供更多的教学资源。

智慧教室系统凭借先进的高清录播技术，将课堂教学的每一刻同步传输至“云课堂”，使得学生能够实时观看教学视频。通过多机位的灵活切换，确保线上学生能够捕捉到全面、清晰的画面，不错过教学中的任何关键细节。智慧教室系统还具备画面缩放功能，可以按照学生的观看需求灵活调整，提供更为便捷的观看体验。此外，智慧教室还集成了丰富的教学资源，为教师制作高质量的幻灯片提供了便利，同时学生也能迅速访问这些资源，感受到其便捷性和广泛性。这一系统的应用真正体现了以学生为中心的服务理念，将网络技术与教育紧密结合，为师生创造了更加高效、便捷的教学环境。

2. 构建基础架构云平台

基础架构云平台的成功构建离不开信息技术的迅猛发展。过去，受限于传统的互联网技术和设施，构建这样的云平台几乎是不可能的。然而，随着信息技术的飞速进步和设备的不断完善，人们研发出了云平台教育系统，这一系统不仅集成了信息技术的便捷性，还确保了教育内容的权威性和准确性。数据的丰富和准确为云平台的打造提供了坚实的基础和技术支撑，使得云平台在教育领域的应用更加广泛和深入。

3. 云教室、云实训室的建设

将所有的信息系统和教学资源都存储在“云端”是目前云计算和教育的融合成果，在融合当中形成了云教室和云实训室。相比于传统的计算机教室，信息系统和教学资源都存储在云端就相当于将所有资料都集中在了一个中转站中。相比于传统地将资源存储在计算机中，这样存储资源的空间更大，更方便教师找到这些资源。云教室和云实训室也为师生提供了一个线上课堂平台，在创新了教学方式的同时，也可以让教师通过线上平台为学生进行实时的在线解答。学校不需要花费太多的人力去调度课程，只需要在“云课堂”平台上发布通知，让学生来观看即可。学生还可以随时与教师进行交流。

云教室和云实训室为师生之间的深度互动进行全面服务，具备很高的性价比，节省了时间，也更加人性化。云教室和云实训室为师生关系和教育课堂提供了一个新的发展机会和发展方向，教育不断呈现多元化趋势。

（二）大数据背景下高校思想政治“云课堂”教学设计实践

1. 高校思想政治课云教学实践概述

在云计算技术的基础上开展的所有教学活动都被称为云教学。云教学活动结果的产生过程主要体现在行为大数据的全面呈现和大数据科学管理的客观实施上。当高校思想政治课程采纳了移动信息化教学云平台后，持续积累的教学大数据不仅提升了教学质量，还实现了师生之间从课前准备、课中交流到课后巩固的在线实时互动，极大地提升了教学效果和学习体验。每节课堂教学的教学行为和学生的反馈的数据都被统一记录下来，以便于教师根据数据来进行教学反思和进一步的探究。

2. 高校思想政治课的云教学设计实践

（1）高校思想政治课云教学设计的基本准则

高校思想政治课云教学设计必须遵循思想政治教育的基本理念，要帮助学生构建正确的三观，并且让学生学会用马克思主义理论和科学方法来思考问题、分析问题和解决问题。大数据背景下开展高校思想政治课云教学设计需要遵循以下两个基准：一是诊断分析学生的学情，包括学生的思想情况和知识储备等；二是教师需要坚持住对教学目标的遵守，确保思想性。

（2）高校思想政治课云教学设计的目标

高校思想政治课云教学的主要目标就是帮助学生解决思想上的问题，让学生走出思想上的误区。概括来说，高校思想政治课要解决两个问题：一是教什么的问题，二是如何教的问题。教什么的问题所有思想政治教师都可以认识到，但是如何教的问题是每个教师都在不断探索的。其中的难点就在于如何教才可以获得学生的认可，让学生在思想上与教师产生共鸣，即教师如何能用合理的逻辑进行教学，再让学生内化于心、外随于行。这就需要教师将枯燥的教学内容转化为让学生感到有趣并且有意义的内容。为了激发学生的热情，教师也可以让学生自己提出问题，培养学生的自主意识和创新思维能力。

（3）高校思想政治课云教学设计步骤

高校思想政治课云教学设计具体步骤如下。首先，从教材的问题着手，将问题进行分层和分类，梳理问题的逻辑。其次，在课前和课后利用云平台，梳理学生的问题，挑选一些经典的和教材知识相匹配的问题进行问答。最后，按照上述挑选的问题，引导学生利用教材中的观念去分析和解决。在教学当中，教师要学会通过云教学平台查看学生的反应，之后针对学生的反应来对问答活动进行有的放矢的回应，做出相应的教学改变。

（4）开展高校思想政治课云教学的注意事项

首先，在高校思想政治课云教学中，理论教学内容和创新课堂形式的关系既是对立的又是统一的，因此要辩证地看待二者之间的关系。理论教学内容和创新课堂形式自然是统一的关系，二者有紧密的联系。同时理论教学内容和创新课堂形式也是独立存在的，教学组织形式离不开教学内容的支持。

其次，在高校思想政治课云教学实践中，想要获得更好的教学效果就需要在充分运用云平台来督促学生学习之外，充分抓住教学内容的新颖性和思想性，通过调动大家讨论的积极性来对学生的思想认识进行考核。考核是检查学生学习效果的重要手段，尤其在开展了云教学实践后，考核更能具体显现学生的整体行动和能力。学生的出勤率及平时学习的效果都在“云课堂”中有记录，考核变得更加人性化和智能化，也更有实际的数据可以查看。在教学内容和平时云平台与学生的互动当中，教师应该注意将热门的新闻话题或者很具有“现象级”的思想政治话题与课程内容联系在一起。由热点新闻引入，激发学生的兴趣，活跃学生的讨论氛围，这样可以更好地让学生理解思想政治理论，并且做到学以致用，也可以更直接地培养学生的逻辑思维能力和问题分析能力。这样的课堂内容教学既能够让学生的观点相互碰撞，也让教师能够在学生激烈的讨论中运用正确的思想理论纠正学生的一些错误思想，顺理成章地将理论上升到实践高度，取得理论指导实践的教学效果。

最后，在大班课教学中，云教学平台特别能展现出其空间自由性和针对性的优势。教师可以预先在云平台的教师空间内精心准备教学设计。在授课过程中，要检验教学效果，只需让学生在教师空间内回答问题，教师便能即时在云平台上查看每一名学生的作答情况，教学效果一目了然。这样，教师可以根据反馈迅速调整教学内容和方法，针对学生的疑惑或争议点进行深入讲解，从而有效提高学生学习反馈的效果。此外，课前教师还可以利用云平台提前发布拓展阅读材料，引导学生提前预习新课程，为课堂学习做好充分准备。

3. 高校思想政治课云教学实践效果

大数据背景下高校思想政治课云教学实践和传统教学模式的融合充分调动了学生主动学习的意识，并且教师也让学生有效地利用了课余时间进行课前和课后的线上学习，在课中也通过云教学实践系统来简单完成了对学生学习的考核。丰富新颖的手段不仅提高了学生的学习兴趣，还增强了教师对思想政治教学的信心，从而提高了高校思想政治教育课程的教学效果和教育效果。高校思想政治教育的地位显著提升，同时也让高校思想政治教育课程变得有趣起来，为高校思想政治教育的发展和改革建设做出了巨大的贡献。

课堂教学效果的进步也让教师更加有信心，在工作上找到了前进的方向，也让教师愿意花更多的时间在工作上面。越来越多的教师开始丰富自己的教师空间来向学生展现自己的学术成果，与学生进行热点事件的讨论，以及为学生解答生活中遇到的思想问题，获得了学生的信任。学生与教师建立起平等的友谊关系后，在课堂上便更加信服教师讲解的课程内容，为实现中国特色社会主义教育提供了肥沃的土壤。学生在平等的互动当中，开始学会向教师学习分析问题的思维并付诸行动。无论是小规模班级还是百人制的大规模班级，学生都有着很高的学习热情，对教师的表现也变得越来越满意；学生思想也更加积极向上，更加符合高校人才培养的目标。

第六章 大数据背景下高校思想政治教育的联动机制

传统教育模式在海量信息的冲击下显得力不从心，这就要求构建一套高效、协同的联动机制，以应对大数据背景下的教育变革。这种联动机制不仅要求内部各部门间的紧密合作，还需要与社会、企业等多方力量形成合力，共同推动高校思想政治教育的创新发展。本章主要围绕大数据背景下高校思想政治教育联动机制的构建和大数据背景下高校思想政治教育联动机制的应用两个方面展开论述。

第一节 大数据背景下高校思想政治教育联动机制的构建

一、校外联动机制

高校思想政治教育校外联动机制作为一种办学机制，指的是高校通过体制机制创新协同包括其他同类别、同层次高校在内的一切地方组织，以提升思想政治教育实效性为目的，共享更多教育资源，如人力、财力、物力，有效突破资源之间的壁垒，实现全方位深度合作，优势相长的一种机制。联动的主体要素包括政府、学校、企业等，联动的关键在于不同主体要素之间利益的共同点。大数据为高校思想政治教育校外联动带来了新的机遇，有助于充分发挥联动主体的主体性和主动性，保证各项相关工作的顺利推进，推动高校思想政治教育校外联动机制的发展。

（一）高校思想政治教育校外联动机制中的主体要素及联动要素

校外联动思想政治教育模式是一个规模巨大且复杂的“教育活动体系”，是学校打破原本“单打独斗”局面，与政府、企业等主体要素协同联动以谋求共同利益、探索共同发展的一种组织方式。要想实现多方校外联动主体要素的有效联动，就要充分释放育人要素活力。首先，要进一步明确各主体要素及其在校外联动过程中所扮演的角色，自觉承担各自的责任，从而更高效地完成各自的任务。其次，要明晰不同主体之间的目标、环境、组织等联动要素，从而形成多元主体协同联动的良好局面，推动新时代高校思想政治教育创新发展，努力培养担当民族复兴大任的时代新人，为党育人、为国育才。

1. 学校是校外联动的倡导者、推动者

学校作为“政校企”联动过程中的倡导者、推动者，应当积极主动联络多方，想方设法增加联动主体的数量和类型。例如，积极争取当地政府的支持，不断深化教育改革；多方调研高校思想政治教育校外联动的必要性、可行性；主动与校外联动主体共同完成高校思想政治教育工作的顶层设计。各级各类学校可以展开市场人才需求调研、专业调研等活动，及时了解各行各业对人才的需求，主动与企业一起完成高校思想政治教育育人方案的制订，促进高校思想政治教育改革。学校还能与企业共同完成高校思想政治教育教学任务，加强高校思想政治教育实践基地的建设，让学生在参与社会实践的过程中接受良好的教育，不断提升适应社会的综合素质与技能水平。另外，学校需要结合社会现实需求，不断更新办学思路，调整与优化高校思想政治教育教学内容，采取趣味性教学方法，使高校思想政治教育与时代同行。

总的来讲，学校在政府教育行政部门的领导下可以组建高校思想政治教育校外联动组织、执行机构，明确规定联动主体如政府、企业的权力与责任，促进组织管理模式的革新，将联动办学的各项规定和考核制度落到实处，扮演好倡导者、推动者的角色，不断优化校外联动模式，真正实现多方共赢。

2. 政府是校外联动的环境保障者

政府作为教育的引领者、支持者和监督者，在与市场的互动中始终发挥着核心作用。因此，在高校思想政治教育的发展道路上，政府的“掌控、引领”作用不可或缺。这要求政府积极推动各方主体共同合作，平衡各方利益，全面监督联动过程，并公正评估联动成果，同时注重并强化统筹联动育人。从宏观决策层面考虑，政府可以设立专项领导小组，专门负责高校思想政治教育校外联动育人的规划和执行，及时解决联动过程中遇到的难题。在具体操作层面，政府需要发挥协调作用，打破壁垒，形成合力，同时加强监管，建立联动育人绩效考核机制，定期进行检查和验收，并根据成效实施奖惩。

3. 企业是高校思想政治教育校外联动的参与者

在高校思想政治教育校外联动过程中，企业应当主动扮演好参与者的角色。从长远发展角度来看，各级各类学校必须加强与企业的合作。学生通过进入企业实习，获得切身经历，能够锻炼自身解决问题的能力，激发学习的积极性。企业应当参与高校思想政治教育计划的制订、修改、执行等过程，便于以后招聘到满足自身需求的人才。另外，企业还能通过多种方式为高校思想政治教育的开展投入经费，如与学校共建实践基地、捐赠仪器、购买设备等，积极成为高校思想政治教育校外联动的重要一环，为推进高校思想政治教育校外联动育人的开展，助力高校思想政治教育效果的提升做出贡献。

（二）高校思想政治教育校外联动机制中各主体间的联动要素

在高校思想政治教育联动机制中，不同主体间的联动要素主要包括三方面：目标联动是基础，组织联动是平台，制度联动是保障（见图 6-1）。

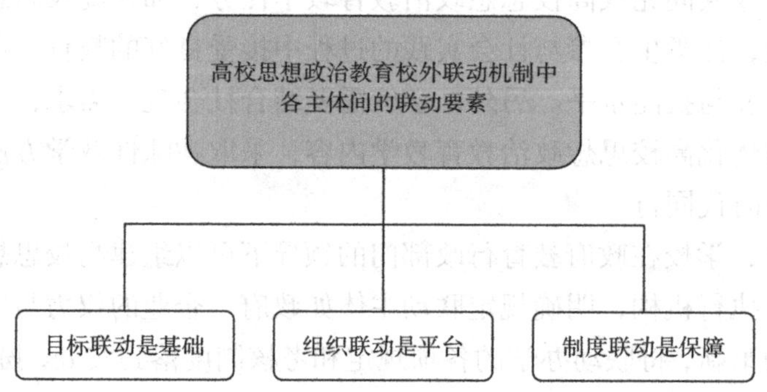

图 6-1　高校思想政治教育校外联动机制各主体间的联动要素

1. 目标联动是基础

在高校思想政治教育校外联动的舞台上，各参与主体均有自己独特的价值理念。然而，若所有主体均将“利益最大化”作为终极目标，那么整个联动过程恐难取得理想效果。举例来说，学校期望通过校外联动加强思想政治教育，提升教育质量；政府则着眼于国家战略，希望通过这种机制增强教育的社会价值和推动地方经济发展；企业自然更关心直接的经济利益，希望借此机会实现利润增长。这些不同的价值观将导致合作中的摩擦，从而影响各方对合作的态度和最终评价。

因此，各主体都肩负着营造广泛认同与包容的优质教育环境的重任。他们需要在各自的分目标之间寻找利益的交汇点，确立一个共同的总目标，以促进各主体之间的相互认同和尊重。通过消除合作中的障碍，加强彼此间的沟通与协作，最终达成联动合作、互利共赢的局面，共同推动高校思想政治教育的蓬勃发展。

2. 组织联动是平台

高校深知其培育的学生未来将成为企业的人才，因此，高校思想政治教育的实施必须得到企业的大力支持。这种支持将确保教育资源的开放共享，推动教学过程的职业化。为实现这一目标，学校需精心构建一个组织，旨在解决校外联动中可能出现的结构错位和利益冲突问题。这一组织将促进各参与主体的有效联动，建立起一个紧密的合作利益共同体。通过这一平台，各主体的资源将实现充分共享、深度融合与高效转化，从而为提升校外联动效果奠定坚实基础。

3. 制度联动是保障

高校思想政治教育校外联动育人的根基在于完善的制度，这不仅是改革发展的基石，还是机制创新的坚实保障。与自然生态等系统相比，校外联动机制若缺乏人事、监督以及考核评价等方面的制度规范，其运作将难以为继。因此，需要通过构建健全的体制机制，明确界定各参与主体的职责与利益，利用制度的力量激发他们在校外联动中的积极性，并规范其行为。校外联动作为一种新型合作模式，其成功实施需要一个科学的管理体系来整合资源、创新机制，进而大幅提升联动育人的效果，加速其发展进程。

总体而言，高校思想政治教育的校外联动育人体系是一个多元化的参与平台，其核心参与者包括学校、政府以及企业等关键主体，但这仅仅是冰山一角，实际运作中还将会有更加多元化的主体。为确保这一体系的高效运行，明确界定并合理分配各主体在联动机制中的角色与职责至关重要。通过建立一种基于多方协作、利益共享的长效机制，不仅能够最大化地激发系统潜能，还能有效促进系统内各要素之间的和谐共生与平衡发展。

（三）大数据背景下高校思想政治教育校外联动机制的构建路径

1. 构建“校政企”联动机制

（1）强化校政联动，使高校思想政治教育迈入新阶段

新时代，高校思想政治教育肩负着培养优秀人才的重任。随着时代的进步，优秀人才的定义也在不断更新。因此，高校必须紧密结合区域社会经济发展的实际状况，深化与政府的合作，依托国家政策，积极创新教育模式。利用大数据技术，可以精准地整合学校与政府的需求，从而充分发挥学校教育在推动区域发展

中的积极作用。近年来，随着学校教育合作数据信息的激增，利用大数据技术可以有效地对这些数据进行动态整合，如区域经济建设发展战略等关键信息。通过将这些数据导入学校教育的计算机系统，并结合数据挖掘技术，可以找到学校与政府联动育人的新方向，为高校思想政治教育的人才培养提供新的出发点。这不仅有助于更加高效地统筹高校思想政治教育资源，还能推动高校思想政治教育走出传统框架，迈向新的发展阶段。

（2）强化校企联动，实现校企共赢

一旦完成学业，学生将步入社会，开始他们的职业生涯。在这一关键的人生阶段，他们所接受的思想政治教育与企业的实际需求是否契合将在很大程度上决定他们能否顺利就业。劳动教育中的精神培养、价值观树立以及技能提升正是思想政治教育不可或缺的部分，它们在高校教育中占据着重要地位。因此，必须确保劳动教育的内容与社会对人才的需求保持一致，校企合作模式为此提供了有力的支撑，能助力优化教育内容，使其更加贴近企业的实际需求。

借助大数据分析的力量，高校能够精准识别出具有开放性和持续人才需求的企业，从而建立起校企间的深度合作。在这样的合作框架下，高校不仅可以在企业内设立实践基地，让学生在真实的工作环境中学习与实践，而且还可以在劳动教育和思想政治教育中融入企业的生产技术和行业动态。同时，学校应充分利用大数据资源，洞察行业发展的脉搏和人才需求的动向，进而有针对性地调整和完善思想政治教育内容，推动教育体系的革新。这样不仅能够充分发挥校企联动的育人优势，还能够显著提升学生将理论知识转化为实践技能的能力，全面提高他们的综合素质和劳动技能。

2. 构建校际联动机制

（1）提升教师的信息化教学能力

随着大数据时代的到来，高校思想政治教育校际联动的实现难度显著降低。要实现这一联动，教师也需要满足一定的条件。他们不仅要精通信息技术，还需不断提升自己利用这些技术进行教育教学的能力。此外，他们还需具备敏锐的信息洞察力、深厚的信息知识储备、出色的信息处理能力以及高尚的信息道德观念。教育信息化正在以惊人的速度发展，它为思想政治课教师提供了前所未有的便利，但同时也对他们提出了更高的要求。

随着技术的革新，高校思想政治教育的教学方式也在不断进化，从基础的演示课件到先进的电子白板，再到引领潮流的智慧课堂，这一切都表明已步入“数据驱动”的新时代。面对这一趋势，高校思想政治教育教师需要保持敏锐的洞察力，不断自我更新，加强对自身信息技术以及数据素养的培养。否则，他们可能难以满足教育信息化的发展需求。为此，高校思想政治教育教师需要积极参与校际合作与交流，学习借鉴其他学校教师的信息化教学经验，以多元化的方式提升自身的信息化教学能力，确保自己在教育领域中的竞争力。

（2）利用网络问卷平台精准定位学生感兴趣的问题

在高校思想政治教育的框架内，课堂提问的质量直接关系到教育成效能否达标。然而，传统校际合作在策划课堂提问时面临技术瓶颈，跨校整合学生反馈与疑问的过程繁琐且耗时。随着互联网的介入，特别是通过构建网络问卷平台并利用大数据分析技术，为优化这一过程开辟了新道路。学生现在能够利用网络问卷平台轻松发起与课程紧密相关的话题讨论，促进多所高校间学生的在线思维碰撞。借助平台的投票机制，学生自主选择最感兴趣的问题，得票最高的问题将成为课堂辩论的焦点。

平台能够实时追踪学生提交问卷的进度。这种便捷的方式能够迅速识别出哪些学生已经按时提交了问卷，同时能够精准地提醒和激励那些尚未提交的学生。这不仅显著提高了问题收集的效率，还确保了所有学生的参与。此外，教师也可以轻松下载详细的分析报告，从中快速挑选出最能反映学生兴趣和热情的问题，进一步提升了课堂提问的针对性和有效性。

（3）搭建校际联动备课平台

在推进高校思想政治教育教学层面的联动发展进程中，校际联动备课扮演着举足轻重的角色。为了充分发挥其效用，大数据技术的应用为校际联动备课带来了前所未有的便利。通过构建大数据网络平台，不同学校之间能够实现云端联动备课，从而突破时间以及空间的限制，极大地提升了校际联动备课的效率以及实效性。这种新型的备课方式不仅使校际联动备课的形式更加丰富多样，内容更加深入全面，方法更加灵活简便，还极大地促进了各高校之间的交流以及合作，共同推动高校思想政治教育教学质量的稳步提升。

为了加强高校思想政治教育领域的合作与交流，不同学校可以共同构建备课团队，并利用一个统一的集体备课平台来优化备课流程。这种合作方式可以显著提高备课的效率和便利性。在集体备课的过程中，教师可以围绕教学理念、教学方法以及教育技术等多个方面进行深入研讨，同时，也能够为其他学校的教师提供教学上的支持和帮助，共同解决教学难题。此外，大数据资源还能为教师提供多样化的教学视频，作为备课的重要参考，从而确保备课内容的多样性和创新性。

（4）线上及时互动交流

在大数据的背景下，借助移动客户端和网络平台等先进通信工具，不同学校间的思想政治课教师能够打破地域限制，实现高效、便捷的互动交流。学校之间可以灵活组建多样化的联动小组，将同一年级的思想政治教育学科教师纳入同一小组内，共同利用丰富且优质的线上教育资源，进行实时的交流与学习。这种新型的校际合作模式不仅加强了教师间的沟通与协作，还有效地提升了联动教育教学的实效性，使得优质的教育资源得到更加广泛和深入的共享与应用。

实际上，思想政治教育教学研讨并非拘泥于传统的正式教研形式，而是更加注重在日常生活中展开交流。无论是在教学过程中的疑惑、反思，还是教学灵感，都可以借助线上教学平台实现与不同学校教师之间的即时互动。这种交流方式打破了地域和时间的限制，呈现出常态化的特点。通过线上平台的全时空、高强度互动，同一层级的思想政治课教师可以在日常工作中无缝对接、相互学习，从而受到优秀骨干教师先进教育理念和教学方法的熏陶。这种无障碍的交流模式更容易引发教师间的共鸣，促进教学经验的共享。

（5）深度共享优质教育资源

在推动高校思想政治教育校际联动的过程中，深度共享教育资源显得尤为关键。教育资源共享的程度直接决定了校际联动发展的深度和广度。深度共享优质教育资源是实现教育均衡发展和提升教育质量的重要途径。

思想政治教育资源的范畴与内涵颇为丰富，不仅局限于传统意义上的教材资源和理论学习材料，还拓展至管理、文化、活动及群众传媒等多个层面。借助大数据技术的平台搭建，可以实现这些资源的深度共享，让每一所学校都能充分发挥其在思想政治教育资源方面的优势，为其他学校提供丰富且实用的教育资源。各学校应善于运用这些共享资源，以提升思想政治教育的教学效果和整体质量。

（6）立足本校师生实际

高校实施思想政治教育校际联动并非意味着各学校必须遵守统一的标准，而是鼓励各级各类学校根据自身实际情况制定符合本校特色的发展策略。在校际联动的过程中，各校应相互借鉴、共享资源，共同推动高校思想政治教育的共同发展与提升，以此实现互助共赢的目标，共同促进高校思想政治教育质量的全面提高。

从教学水平的视角审视，不同学校之间的思想政治教育在教学资源、师资力量和硬件装备等方面均存在不同程度的差异。因此，在校际联动的过程中，拥有先进教育资源的学校应扮演“排头兵”和“领头雁”的角色，积极分享本校在思想政治教育方面的先进教学经验和成果，以此引领和带动其他学校提升思想政治教育的教学水平。同时，其他学校也应明确自身的思想政治教育发展目标，通过积极参与校际联动活动，不断学习和借鉴先进经验，努力提升本校思想政治教育的教学水平，通过不断的量变积累，最终实现质的飞跃，共同推动思想政治教育质量的全面提升。

二、校内联动机制

伴随经济的蓬勃增长和社会文明的飞跃，我国迎来了全面发展的崭新时代。为了培育能够顺应时代潮流的现代化杰出人才，国家提出了“三全育人”的要求，包括全员育人、全程育人、全方位育人，它已成为新时代高校思想政治教育不可或缺的引领原则。

在大数据驱动的新时代，高校在构建思想政治教育校内联动机制时，需以“三全育人”为指引，借助大数据技术的强大力量，整合校内外的教育资源，积极探索校内联动的有效策略，从而提高高校思想政治教育的针对性和实效性。

（一）“三全育人”的组成要素

“三全育人”的组成要素主要有三个：一是人员要素，它强调了教育过程中每一个个体的不可或缺性；二是时间要素，它主张教育应是一个贯穿学生成长全周期的不间断过程；三是空间要素，它指的是教育应渗透到学生学习与生活的每个角落。具体如图 6-2 所示。

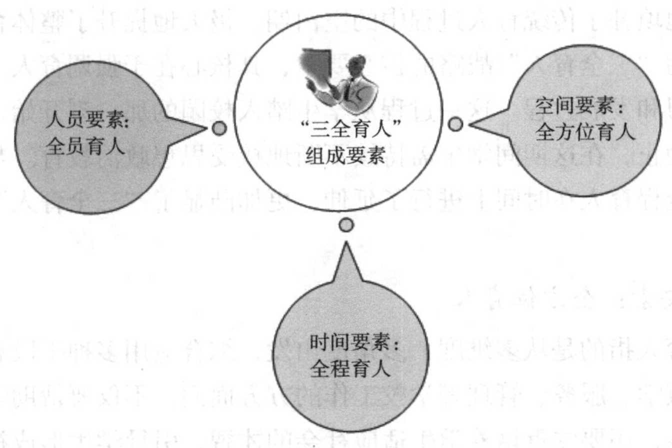

图 6-2　“三全育人”的组成要素

1. 人员要素：全员育人

全员育人理念的核心在于从全员的角度出发，将教育责任落实到每一位教育工作者身上。这一理念打破了认为育人只是部分教师的职责的传统观念。在新的教育模式下，每一位教育工作者不论身处何种岗位，都需自觉地承担育人的责任；学生也被鼓励自发地参与到育人过程中，共同创造积极的学习环境。传统的教育模式中，德育工作往往局限于特定的教师群体，而全员育人则强调了育人的广泛性，它涵盖了学校内部的所有领导、教职员工，甚至扩展到了家长和社会各界。这一理念不仅注重知识的传授，还更加注重培养学生的品格和道德素质，形成了一种全新的、开放式的育人格局。

在学生的平时生活和学习中，全员育人目标的实现需要依赖科学合理的管理育人和服务育人的方法。如果管理服务人员能够关心、尊重与爱护每一名学生，就可以起到良好的感化教育作用，同时有助于加强精神文明建设，使学生在生活和学习中会获得更多的满足感、幸福感，为“三全育人”总体规划的实行打下坚实基础。

2. 时间要素：全程育人

育人工作并非一件轻而易举的事情，而是一场需要多方协调、相互配合的“持久战”，需要经过足够长的时间才可以看到实质性成效，必须贯穿学生整个学习生涯，否则就仅仅是作为一个口号、形式而存在，无法真正地达到育人的目的。

“三全育人”理念所倡导的全程育人就深刻揭示了育人工作的持久性和连贯性。它有效地填补了传统育人过程中的空白期，极大地提升了整体育人的效能。全程育人作为“三全育人”战略的核心要素，其核心在于强调育人工作需贯穿学生的整个学习和发展过程。这一过程从学生踏入校园的那一刻开始，直至他们顺利完成学业为止，在这期间学生需持续不断地接受思想政治教育。与过去的育人模式相比，全程育人在时间上进行了延伸，更加凸显了“三全育人”长效性的核心理念。

3. 空间要素：全方位育人

全方位育人指的是从多维度、多角度出发，综合应用多种手段和方法，使育人工作涵盖教学、服务、管理等学校工作的方方面面，不仅要帮助学生学习、掌握知识与技能，还要注重培养学生适应社会的才智，引导学生形成社会主义核心价值观，从不同角度、不同领域全方位提升学生的综合素质。

全方位育人倡导将来自多方面的育人因素汇聚到一个宽阔的育人空间当中，包括教育教学、管理服务、思想文化、网络资源以及实习实践等，所有可以直接或间接影响学生道德品质养成的要素都要包含其中。在高校育人工作中，校园的物质环境、精神文明对学生发展具有双重作用，主要包括治学理念制度、校内基础设施、生活学习场所、科研学术风气以及社团文化活动等。这些要素都可以转变为育人的渠道和手段，根植于全校教师与学生的行为表现中，对育人成效具有双重影响。

（二）高校思想政治教育校内联动机制中的主体要素及联动要素

1. 全员：高校思想政治教育工作者的角色定位

（1）高校思想政治课教师、班主任、辅导员是高校思想政治教育的中坚力量

对于学生而言，高校思想政治课是他们获取思想政治教育知识的重要阵地。该课程的教学效果不仅关系到学生能否全面理解社会现象，还会直接影响他们思想认知的深度与广度。在“三全育人”的教育理念下，对高校思想政治课教师的要求也愈发严格。鉴于思想政治课的理论性较强，教师不仅需要及时跟进时事热点，将其融入教学内容，还需采用多元化的教学方法，使课堂生动有趣。此外，教师还应注重实践环节，将课堂教学与课外活动相结合，鼓励学生跳出书本，用辩证的视角去观察世界、历史，帮助他们形成坚定的理想信念。

班主任、辅导员身处教育工作一线，肩负着非常艰巨的思想政治育人职责。在日常教育过程中，班主任和辅导员必须有信仰、讲立场，在大是大非面前旗帜鲜明，始终保持坚定的政治立场，以清醒的头脑传达良好的思想政治观，这就要求班主任和辅导员全面、系统地掌握思想政治理论。实际上，大多数班主任和辅导员并不是思想政治相关专业毕业，因此就需要他们树立终身学习理念，不断加强学习，逐步提升自身的思想政治理论水平。

（2）高校职能部门管理人员和其他教职员工应发挥思想政治教育作用

在构建“三全育人”教育生态的框架内，高校职能部门管理人员不仅是行政运作的中坚力量，还是高校思想政治教育链条中不可或缺的一环。他们虽不直接站上讲台授课，但在日常管理中以自身为镜，通过展现出的专业精神、责任担当及高尚品德，对学生产生深远而隐性的教育影响，特别是教务处、学工部、团委等与学生紧密相关的部门管理者，更应深刻认识到自身行为的示范效应，持续提升思想政治觉悟，以卓越的思想境界与道德风范在管理的每一个细节中融入育人

理念，主动担当起思想政治教育者的责任，为学生树立正面榜样。

除了上述人员，学校内部还有一些教职员工影响着学生的思想与道德发展，主要包括教室管理员、图书管理员、宿舍管理员、安保人员、食堂窗口服务人员等。这些教育者群体非常容易被忽视，但是他们在学生平时的生活与学习过程中有着较高的出场率，能够对学生产生渗透性的影响。因此，高校要积极引导这些教职员工扮演好教育者角色，使他们深刻意识到服务育人的重要性，并自觉提高自身的职业素养，不断改善自身的服务态度，营造“人人皆育人之人，处处皆育人之地”的育人氛围。

2. 全程：高校思想政治教育的教育阶段划分

（1）新生入学阶段

对于学生而言，初入校园的时刻是其成长历程中的一大关键节点。为了更顺畅地融入新的学习和生活环境，学生需要在生活习惯、学习模式、心理状态以及实践能力等方面做出相应的调整。学生在新学期的开始往往会经历一系列复杂的情绪交织，如焦虑、期待、激动与困惑。这种心理波动不仅考验着他们的适应能力，还让他们面临着适应新环境、转换学生角色的挑战。为了帮助学生平稳度过这一阶段，高校应当为他们提供有针对性的思想道德教育和心理健康教育，使这些教育内容成为新生入学教育的重要一环。同时，通过开设心理健康课程、举办心理健康讲座等形式多样的活动，高校可以引导学生调整心态，树立正确的三观，助力他们迈出步入大学校门的坚实一步。

（2）中间阶段

在学生的成长轨迹中，中间阶段是知识积累与人格塑造的关键时期。此阶段的学生正逐步适应并超越先前的教育环境所塑造的习惯模式，从初入学的青涩与不安中蜕变而出，通过积极参与多样化的实践活动，其世界观、人生观、价值观正悄然构筑。高校应敏锐把握这一时机，将思想政治教育自然而然地融入学生的日常学习与生活之中，旨在全面提升其综合素质，为未来之路铺设坚实的基石。具体而言，针对学生群体，高校可以精心设计，如开设“毛泽东思想和中国特色社会主义理论体系概论”“形势与政策”等思想政治课，紧扣学生身心发展的阶段性特征，深化思想政治教育，实现全方位育人目标。此外，高校还应结合各专业特色，加强对学生职业路径与学业规划的个性化指导，既激发其探索未知的热情与动力，又强化其作为社会主义建设者和接班人的使命感与责任感。

（3）毕业阶段

毕业阶段作为教育链的终端，不仅标志着育人过程的结束，还是思想政治教育成果的集中体现。在此阶段，学生往往承载着升学、家庭及社交等多重压力，特别是大学生还需面对就业、创业及深造等多重选择。因此，应密切关注学生的心理动态，通过各种方式减轻他们的心理负担，帮助他们保持心理的稳定和健康。高校应重点把握他们的就业趋势和心理波动，引导他们树立正确的就业观念，为困难学生提供必要的帮助；同时，通过加强职业道德教育，提高学生的思想政治水平；针对考研群体，学校应营造积极的备考氛围，组织经验交流会，及时为他们排解负面情绪。

3. 全方位：高校思想政治教育的教育场景分析

高校思想政治教育工作的最终目标是坚定不移地推进立德树人的根本任务，确保其深入学生日常的每一个细节，包括学习、生活及实践探索等各个方面。为实现此目标，高校必须坚持“以学生为中心”的原则，通过细致入微的环境分析与学生需求调研，深入理解学生的心理世界，力求打破观念壁垒，建立更加紧密的教育联系，从而增强学生的认同感与参与感，使他们自愿成为思想政治教育的积极受众。同时，高校应以学生为出发点，结合其周围的教育环境，量身打造既具针对性又富有成效的思想政治教育方案，确保这些方案能够无缝融入服务保障、心理健康、科学研究、文化传承、社会实践、网络教育、组织活动及经济资助等全方位育人网络，让学生在日常学习及生活中自然而然地受到思想政治教育的滋养，进而促进其思想观念的升华与行为举止的规范。

在教育领域内，学生工作部门内的师资与管理团队对教育场景的了解相较于其他教育工作者来说认识得更加全面。当每位教育工作者都能对教育场景有透彻的理解时，他们将能够立足于各自所处的教育场景，深刻领会高校思想政治教育的核心使命，进而在各自的环境中精准融入思想政治教育元素，实现教育的自然渗透。通过对教育场景进行细致分类与解析，不仅能够促进学生对思想政治教育内容的全面吸收，还能增强教育者对教育任务的精准把握，共同推动高校思想政治教育工作的深入发展，全面践行全方位育人的教育理念。

（三）大数据背景下高校思想政治教育校内联动机制的构建路径

大数据时代，高校思想政治教育校内联动机制的构建可以从教育要素、教育过程、教育效果三方面入手，探索行之有效的路径，如图 6-3 所示。

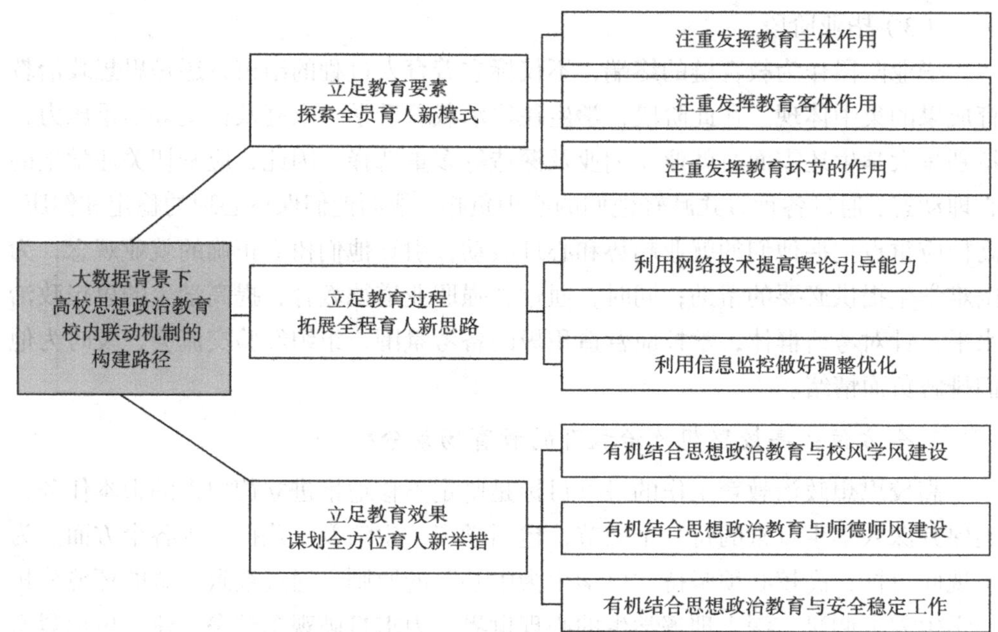

图 6-3　大数据背景下高校思想政治教育校内联动机制的构建路径

1. 立足教育要素探索全员育人新模式

高校思想政治教育要不断突破，积极探索全员育人新模式。大数据思维的基础是互联网，那互联网是否具有思维呢？答案是肯定的。利用互联网思维开展高校思想政治教育，为全员育人提供了新的模式，这就需要立足于教育主体、教育客体、教育环节，加强对网络思想政治教育的建设。

（1）注重发挥教育主体作用

详细而言，高校思想政治教育的核心力量由两大群体组成：一是思想政治教育管理机构，如组织部、教务处、团委、学工部、宣传部等；二是从事思想政治教育工作的专业人员，这些人员包括党政领导、负责思想政治课的教师、党员中的骨干成员、班主任以及学生中的干部。这两大群体共同构建了高校思想政治教育的主体架构。注重发挥教育主体作用主要体现在以下两方面。

一方面，高校在推进网络思想政治教育时，应进行全面规划，明确工作方向，并借助大数据技术准确锁定教育目标，构建一个全面、系统的网络教育体系。

另一方面，高校需统一规划线上线下教育的内容，精心部署并选拔高水平的思想政治教育队伍，加强对党员、团员和优秀学生的培养，以他们的模范行为带动其他学生。在思想政治教育过程中，高校应以课堂教学为核心，注重理论与实践相结合，根据学生的实际情况实施有针对性的教学。

（2）注重发挥教育客体作用

在教育领域中，学生团体和个体共同构成了教育的核心对象。在高校网络思想政治教育的实践中，更加注重的是双向信息的流动与反馈机制。这一转变颠覆了传统教育中的单向灌输模式，转向了一个以平等、尊重、互动为基础的新型教育模式。通过网络这一平台，教师和学生可以进行丰富多样的内容交流。在此过程中，教师不仅要致力于引导学生形成正确的思想和价值观，并提升其综合素质，还需为学生创造更多展示自我的机会，以激发学生的内在动力；同时，深入了解学生在网络学习中的真实体验与需求，包括对网络教育内容的接受度、理解程度、对教学方法的满意度以及信息处理能力等，从而确保学生在教育过程中发挥教育客体作用。

（3）注重发挥教育环节的作用

网络思想政治教育环节主要由两部分内容构成，即载体建设和内容建设。

一方面，在载体建设层面，关键在于如何最大化地利用融媒体的优势。学校应当深入洞察当代学生热衷的媒体平台，如微信、抖音、微博等社交媒体以及主流网站等，力求实现媒体矩阵的高效聚合，形成多元化的传播渠道。

另一方面，在内容建设层面，高校需借助大数据的力量，精准把握学生的心声和需求。通过深入分析学生思想动态，加强原创网络思想政治教育内容的研发与创作，同时借助品牌力量，提升内容的吸引力和学生的认同感。这样不仅能激发学生的线上学习热情，还能提升网络思想政治教育的整体效果。高校还应积极学习、借鉴其他高校的成功经验，结合本校特色不断优化网络思想政治教育策略，以提高其关注度和用户活跃度，从而更加精准地调控教育环节。

2. 立足教育过程拓展全程育人新思路

高校思想政治教育具有不间断性、长期反复性、复杂性等特点，全程育人理念的贯彻与践行要立足思想政治教育过程，发挥网络信息技术的优势，加强对大数据、人工智能及物联网等网络技术的应用，以不断提升数据分析、舆论覆盖及监控防御水平，在优化网络生态环境的同时，做好先进思想文化的价值引领，拓展全程育人新思路。

（1）利用网络技术提高舆论引导能力

高校应全面、高效并注重质量地运用网络信息技术，以确保对学生在网络平台上学习的党和国家思想政治教育内容有深入的了解，特别是要关注他们对时事的见解和立场，积极展开迅速且有针对性的舆论引导工作。同时，高校还需做好后续的反馈、跟踪和问题解决工作，确保教育效果的持续性和实效性。此外，高校应当运用大数据技术，深入分析并预测学生思想、立场、观念及行为的动态变化，提前洞察可能出现的问题倾向，并采取相应措施进行预防和处理。

（2）利用信息监控做好调整优化

近些年来，我国网络规模不断扩大，有害信息伴随而来，为了减少这些信息对学生造成的负面影响，高校需要深入了解网络有害信息的传播方法与渠道，发现有害信息后要第一时间进行拦截与删除，为学生营造健康的网络空间。同时，高校还要引入健全的信息反馈机制，充分把握学生思想动态信息的获取与输出的渠道、途径与方法，全面分析有害信息对学生带来的负面影响，及时减小教育教学工作的偏差。由此，从教育主体层面入手，建立完善的信息监控机制，营造健康有序、文明和谐的价值引领良性网络生态，有助于促进整个高校思想政治教育系统的和谐运转。

3. 立足教育效果谋划全方位育人新举措

在大数据背景下，教育活动迎来了前所未有的丰富载体，这极大地推动了高校思想政治教育载体的创新与变革。高校思想政治教育应当充分利用其独特的教育主客体优势，依托多元化的教育载体，全方位、多角度地对学生进行深入引导。将高校思想政治教育的核心理念与实践贯穿各个领域和环节，从提升教育效果的角度出发，精心策划并实施全方位育人的新战略与新措施。

（1）有机结合思想政治教育与校风学风建设

从目标层面来看，思想政治教育与校风学风建设紧密相连，它们的目标具有高度的一致性。积极健康的校风学风不仅能为学生提供一个良好的学习环境，还与学生的身心健康发展息息相关，有助于学生在这一环境中逐渐形成正确的世界观、人生观和价值观。同时，高校思想政治教育的主要目标之一便是对学生在思想道德等意识层面进行科学有效的教育，以引导学生形成勤奋好学的学习态度和高尚的思想道德。

因此，在全方位育人的过程中，推动思想政治教育与校风学风建设的深度融合显得尤为重要。高校教育主体应将思想政治教育融入各类校风学风建设活动中，如社会实践、主题教育、志愿服务等，使校风学风建设成为思想政治教育的有力支撑。同时，高校还需深化网络思想政治宣传教育的内涵与外延，借助高校权威平台，有效引导学生积极接受思想政治宣传，从而在内心深处培养对党、国家和学校的深厚情感。此外，高校还应精心打造具有特色的思想政治品牌，如思想政治工作室、名师优生团队和科研团队等，并借助网络平台扩大其影响力，让思想政治教育真正贯穿学生的学习与实践全过程。

（2）有机结合思想政治教育与师德师风建设

首先，高校要积极组织支部书记和骨干教师开展系列党课、团课，不断提升党课、团课的“高度”“温度”“深度”；积极利用红色网站、客户端的优势，开展周期性的集视频、图文、动漫等为一体的微党课，“靓”起党课新风尚；积极发展青年教师入党，紧抓师德建设，进一步提升高校教师的思想政治素质。

其次，高校要加强思想政治工作与人才工作、统战工作的不断融合，搭建互通有无、深化交流的常态化平台，不断提升思想政治建设的凝聚力和影响力。

最后，高校要提高教师在思想政治教育中的话语权，促进网络文化语境下思想政治教育话语的创新，巩固教师在育人工作中的重要地位。

（3）有机结合思想政治教育与安全稳定工作

高校的安全稳定是学生综合素质提升以及顺利适应社会变化的基石。确保学生的安全教育得到有效实施是推动高校思想政治教育持续健康发展的关键所在。同时，高校安全稳定工作的成功开展也是高校迈向更高发展阶段不可或缺的前提条件和重要保障。在这一过程中，必须把维护校园环境安全、促进师生政治安定团结以及保障师生思想情绪稳定作为工作的重中之重。

为此，高校可以构建安全管理的数据平台，让数据赋能高校安全稳定工作，全面压实各重点区域安全主体责任，促进高校安全稳定工作数字化改革，定期检查每个重点区域，并对异常情况进行拍照并上传至小程序，拍照人员可以选择自行处理，或者提交给上级部门人员进行处理，有效落实“闹钟式”巡检巡查预约提醒，加强日常监管、四色赋码，并根据预警等级进行跟踪溯源，全面实现闭环管控。此外，每个重点区域都设有安全二维码，可供相关人员扫码查看近期的巡查、维护以及警报情况，提高高校安全稳定工作的便捷性、精准性、高效性。

第二节 大数据背景下高校思想政治教育联动机制的应用

一、优化教育教学方式，拓展教育教学途径

（一）大数据打造个性化教学新形态

在高校思想政治教育过程中应用大数据技术，既能转变传统教学方式，全面提升高校思想政治教育教学质量；又有助于个性化教育的实施，为学生个性化成长插上双翼。在大数据的支撑下，高校思想政治教育个性化教学的实施主要可以从把握学生个性特点、开展个性化课程教学以及实施个性化教学评价三个方面展开。

1. 利用大数据准确把握学生个性特点

高校思想政治教育是一个持续演进的过程，其高质量教学离不开对学生情况的全面、精准把握。在这个过程中，大数据技术的运用显得尤为重要。大数据技术不仅能够科学地分析学生在日常生活和学习中所展现的思想与行为数据，还能够细致地追踪学生的密切接触者的行为数据。通过深入挖掘，大数据能够提供可视化分析的结果，这些结果不仅有助于教师更加智慧化地了解学生的个体差异，还能让教师掌握学生的密切接触者对学生的潜在影响轨迹，从而更加全面地把握学生的成长环境。

首先，教师可以利用大数据所采集的学生在校期间的各种数据信息，主要包括线上线下生活交往数据、学信网上的家庭情况数据、他人评价数据等，对每一名学生的性格和社交习惯特点进行可视化分析。教师不仅要按照一定标准对学生进行智能化分类，为学生推送智能化的教育服务，还要科学分析学生的交往行为与家庭成员之间存在的内在关联性。教师可以利用大数据技术，将学生智能地划分成多种类型，并智能分析特殊家庭结构对学生交往方式的影响，再结合教师在日常生活中对学生的观察，以主观和客观相结合的方式精准地掌握每一名学生的个性特点，以便于落实因材施教。

其次，教师利用大数据技术，可以分析学生的行为、认知、意志及情感等情况，进而精准把握每一名学生的个性特征。网络社交工具为学生个性化表达自我

提供了机会与平台，还提供了大量的学生数据：那些充满正能量的数据体现出学生积极、乐观的生活态度和情感；那些含有负面情绪的负能量数据则体现出学生消极、悲观的生活态度和情绪波动。大数据可以收集学生在微博、抖音等平台上的各类数据信息，这些数据反映了学生当下的道德评价能力、实际认知水平、辨别是非能力。经过大数据技术的分析与反馈，教师就能精准掌握学生个性特征，有重点、有目的地加强对学生辨是非、明善恶的教育引导。

2. 利用大数据开展个性化课程教学

利用大数据深入洞察和掌握学生的个性特点，可以促进教学方式从传统的群体教学模式向更为精细的差异化教学和个性化教学转变。在教学环节中，教师可以进一步利用大数据的优势实施个性化教学策略，以满足不同学生的独特需求，从而全面提升教学质量。这种转变不仅有助于激发学生的学习兴趣和潜能，还能更好地促进他们的个性发展。利用大数据开展个性化课程教学，应注意以下两点。

第一，坚持一人一方案。在理论知识的传授过程中，学生一旦掌握了基础的理论知识，便需要自主策划和实施一系列与这些知识相辅相成的专题学习活动，旨在丰富和深化他们对课程内容的理解。为了激发学生的学习热情，教师可以根据学生的兴趣点，让学生通过在线直播教学或线上教学平台来深入学习感兴趣的内容。在实践环节中，教师则利用大数据技术对学生的学习情况进行深入分析，并据此为他们提供个性化的教育服务。借助虚拟现实技术，教师能够构建出多样化的线上实践学习方案，让学生根据自己的需求和兴趣选择适合自己的“学习套餐”。

第二，坚持一人一方式。在听取教师关于方案合理性的建议后，学生可以根据自己的学习节奏和偏好自主决定学习的时间、环境及先后次序。他们按照这些个性化的设置，逐步实施学习方案，直至完成预定的学习目标。为了支持学生的学习，大数据系统特别为他们配备了线上和线下两款不同的学习辅助应用，这些应用不仅能够陪伴学生的整个学习过程，还能通过大数据分析为每一名学生提供个性化的学习指导。

3. 利用大数据实施个性化教学评价

教学结束之后，进行科学、合理的教学评价是必不可少的一大环节。大数据为个性化教学评价提供了丰富、客观的数据。

一方面，大数据助力对学生理论学习的个性化评价。在学生理论学习过程中，大数据分析与挖掘应用软件作为每一名学生的学习伴侣，能够精准、全面地记录学生的各方面数据信息，包括道德观、精神状态、政治立场、兴趣爱好、价值观倾向等。换句话说，大数据分析与挖掘应用软件可以精准把握学生学习过程中的所有细节。教师可以根据所挖掘的数据对学生理论学习实施个性化评价，同时获取到一些有参考价值的教学建议。

另一方面，大数据为理论知识与实践结合的情况提供了监测手段，进而为个性化评价的实施提供了数据支撑。学生在日常生活中产生的各种行为数据，无论是借阅图书的记录、社交场合的言行，还是道路行驶中的行为规范，都会被系统地收集并整合到共享的数据平台中，形成他们个人的数字历史。这些详细且中立的数据不仅展现了学生如何将理论知识应用于实际，还为教学评估提供了宝贵的反馈。大数据凭借其强大的数据分析能力确保了教学的精准性和评价的个性化，进一步提升了教学评价的科学性和有效性。

（二）慕课促进高校思想政治教育教学方式的优化转型

现如今，全球各级各类高校都尝试着充分利用大数据技术打造网络课堂，慕课作为传统教育与信息技术深度结合的时代产物，是大数据技术与思想政治教育相结合的具体表现。慕课作为一种新型课堂教学方式，采用教师将所传授的知识录制成微视频的方式，并依托网络这一媒介推送给学生进行学习。慕课学习平台满足了全国学生足不出户就能接受网络课程教育的需求。下面主要围绕慕课的应用展开介绍。

1. 适应时代发展，转变思想政治教育理念

在大数据背景下，高校思想政治教育工作者必须加强对新媒体技术的学习与应用，掌握慕课的特点和优势，善于利用慕课拓展高校思想政治教育教学途径，促使高校思想政治教育紧跟时代发展的潮流，力争走在理论与科技的前沿。同时，高校思想政治教育工作者应该结合学生特点，积极转变陈旧、落后的教学理念，将学生置于学习中的主体地位，树立与时俱进的教学理念，主动占领网络教育的新阵地，着力提升高校思想政治教育的吸引力、亲和力和感染力。

2. 以慕课为教育媒介，调整教学内容

慕课这一现代教育平台，完全颠覆了传统课堂中教师与学生的交流方式。它不仅消除了物理距离的隔阂，让双方的思想和信息能够畅通无阻地交流，而且还将这些交流内容转化为数据，为大数据分析提供了宝贵的素材。在慕课教学过程中，大量的数据被自动收集，教师可以根据这些数据灵活调整自己的教学方式。

更重要的是，慕课为教师提供了实时的学生学习情况反馈，使得教师可以更好地把握学生的学习进度，并对学习进度较慢的学生及时进行督促。同时，师生间的语音互动和在线留言都会被转化为数据，高校思想政治教师可以利用这些数据来分析学生的参与度、学习热情及知识掌握情况，从而调整思想政治教学内容，以满足不同学生的需求。

3. 开展线上测试，提高测试效率，缩减成本

线上测试指的是教师通过在线测验的方式掌握学生在一段时间内的学习情况，检验其是否取得了预期的学习效果。在传统的课堂测验中，往往是教师自己设计相关问题，经过打印后发放给学生。在大数据背景下，教师则不需要逐一筛选满足学生需求的历年真题，慕课平台能够结合学生学习动态和轨迹，借助大数据分析技术快速、自动地生成一套与学生学情相符的试卷。教师则主要是对所生成的试卷进行简单的修改与补充，使之与学生学情更加契合，最终形成完整的测试卷。

对于学生而言，只需借助手机这一便捷的学习工具，轻松登录慕课教学平台，在设定的时间范围内完成试卷上的所有问题，并将试卷回传至系统。慕课平台会迅速而准确地为客观题进行自动评分，并将每名学生的主观题分配给与其学习水平相近的同学进行相互批改。此外，利用先进的大数据技术，慕课平台会对学生的学习时间、学习频率及测试成绩等多项数据进行综合分析与评估，并将这些详尽的反馈结果提供给教师。基于这些精准的数据分析结果，高校思想政治教师可以迅速定位到学生的薄弱环节，并且据此灵活调整教学策略。这样的线上测试方式不仅极大地节省了时间、人力、物力，还使得教师能够有更多的时间和精力专注于提升高校思想政治教育的有效性。

（三）基于云课堂创新高校思想政治教育互动教学方式

大数据背景下，互动、开放成为高校思想政治教育的主要特点。云课堂是一种基于云计算技术的实时、高效的远程课堂，为思想政治教育工作者和学生提供了网络互动的平台，具有较强的创新性和时代性，全面助力互动教学方式的革新。

1. 通过网络教学平台增强课堂参与度

依托网络教学平台，高校思想政治教育可以采用多元化的线上教学手段，如空中课堂录制与播放、直播、回放及群文件共享等。这些灵活多变的教学手段不仅能显著提高学生的课堂参与热情，还能巧妙地解决在线教学中常见的问题。此

外，网络教学平台还能够帮助教师高效突出教学重难点，同时持续拓宽教育资源，实时为学生答疑解惑，满足他们的学习需求。

在网络教学平台中，对于高校思想政治教育而言，教师可以优选视频会议的课堂模式，这一模式因其出色的稳定性在多种模式中脱颖而出，几乎不受网络波动影响，保证了教学流程的顺畅。相比传统的直播功能，一些网络教学平台还允许教师实时观察所有学生的视频画面，使得师生之间的互动更为直观。在讨论环节，学生可通过举手功能参与讨论，发表自己的观点或评价他人的看法。另外，教师还能通过答题卡投票的形式，迅速了解学生对某个问题的看法，从而有效增强学生的参与感。

2. 依托互动教学平台提高课堂交互性

在高校思想政治教育中，教师可以结合学生学习情况和在线教学实际，用互动教学平台代替演示文稿，从而不断提升课堂教学的交互性。

互动教学平台凭借其多重优势，在教育领域大放异彩，具有便捷性、直观的操作界面和高效的实用性。互动教学平台允许教师预设教学流程，又无需过度束缚于固定的框架，具备更大的灵活性和自由度。它既是不可或缺的媒体资源，又能像传统黑板那样为教师提供自由书写的空间。在日常教学中，学生提出的问题层出不穷，而教师只需在互动教学平台上轻松添加一个空白表格，便能即时、精准地记录学生的回答。因此，在互动教学平台的帮助下，教师在进行高校思想政治教育时仅需准备基本的素材，从而能够留出更多时间来准备多样化的教学内容。

在视频教学环境中，快速响应并解答学生的问题是至关重要的。每当学生在学习过程中提出问题时，教师都可以灵活地利用互动教学平台进行直观的演示解答。更为独特的是，教师可以利用“蒙层”功能根据学生的回答进行实时的勾画和擦除，这样的操作不仅提高了教学的互动性，还使学生更加积极地参与到课堂中来。同时，一些互动教学平台强大的操作功能还允许教师运用各种小工具来辅助教学，如计时器能够协助教师更好地管理时间，确保教学进程的顺利进行。

二、打破单打独斗局面，形成教育教学合力

教育大数据与联动育人作为理念与方法的融合体，不仅涵盖了素养与能力的全面培养，还致力于解决复杂系统问题，并汇聚多元力量。它们通过解构与重组思想政治课程和课程思想政治的内在要素，实现资源的优化配置与互惠共享，进而深入挖掘其运作机理。这一过程使系统焕发新生，实现深度的互联互通，进而塑造一个全新的有序局面。这不仅打破了高校思想政治课程原有的孤立状态，

还克服了联动过程中的困难，形成了强大的教育合力，为高校思想政治教育的持续进步提供了不竭的动力源泉。大数据推动教育教学合力的形成，具体如图 6-4 所示。

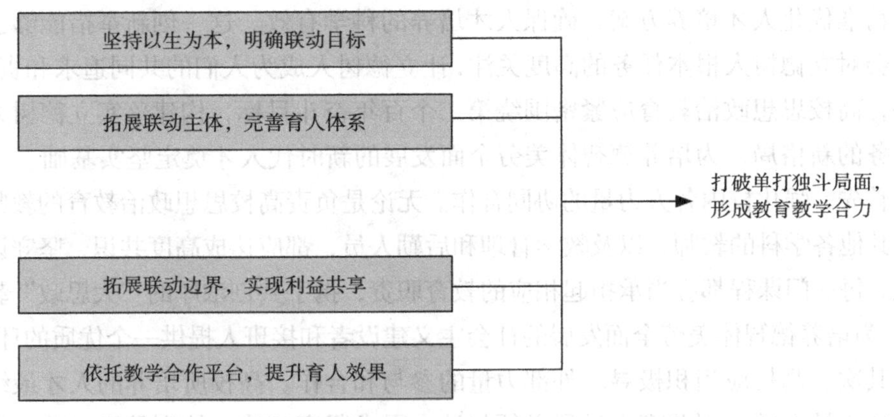

图 6-4　大数据推动教育教学合力的形成

（一）坚持以生为本，明确联动目标

在行动的协同性上，一定要保持目标的统一，一旦目标分散，行动的步调便难以统一。因此，无论是思想政治课程还是课程中融入的思想政治教育，都应当清晰地界定其核心宗旨——培养有道德、有品质的人才，而非仅仅追求知识的灌输和技能的掌握。高校在实施思想政治教育时，应把促进学生的全面发展与长期成长作为根本，基于对学生个体和群体特性的深入理解，采取个性化的教学策略。

在横向层面，大数据技术如同一双洞察一切的眼睛，它不仅能捕捉学生在现实世界与虚拟世界中学习与生活的瞬间和思维活动，还能以全面、持续、客观、动态的方式记录下这些信息。这为高校思想政治教育和各科教师提供了宝贵的教学参考，方便教师根据学生的实际情况调整和优化教学方案。从课前准备到课堂教学，再到课后反馈，整个教学过程都以学生为中心，确保每位学生都能得到个性化的关注与指导，从而不断提高思想政治教育育人效果。

此外，凭借大数据技术，能够推动传统课堂话语模式的革新，并重新评估教师的职责与地位。鼓励教师以更加平等、和谐的态度与学生互动，实现教学相长、共同成长。在这样的环境中，学生能够更自然地与教师亲近，进而更好地接受教师所传递的思想政治知识。这种转变将为提升思想政治课程和课程思政的联动育人效果奠定坚实的基础。

（二）拓展联动主体，完善育人体系

全员育人作为思想政治教育的核心战略和内在驱动力，在大数据技术的赋能下焕发出新的活力。高校以国家相关政策为指引，依托大数据技术的强大分析功能，精准优化人才培养方案，确保人才培养的科学有效。这一创新举措能够引发全社会对立德树人根本任务的高度关注，让立德树人成为人们的共同追求和责任。此外，高校思想政治教育应紧密围绕第二个百年奋斗目标，构建落实立德树人根本任务的新格局，为培养德智体美劳全面发展的新时代人才奠定坚实基础。

首先，强化校内各方力量的协同合作。无论是负责高校思想政治教育的教师，还是其他各学科的教师，以及教学管理和后勤人员，都应达成高度共识，坚守课堂阵地。每一门课程都应当承担起相应的教育职责，携手共创浓厚的“大思政”教育氛围，为培养德智体美劳全面发展的社会主义建设者和接班人提供一个优质的环境。

其次，高校应当积极寻求外部力量的参与和合作。高校所培养的人才最终是要服务于社会的，因此育人过程必须与社会需求紧密相连，特别是思想政治教育的复杂性和长期性决定了其需要更多的外部支持。高校应当积极邀请政府机关、社区机构等参与进来，通过资源整合与共享，利用大数据技术实现多方联动，从而极大地增强教育合力。

（三）拓展联动边界，实现利益共享

在功能相对局限且边界明确的垂直领域中，消息壁垒的问题往往更加凸显。为了解决这一难题，高校积极采用大数据技术，持续打破既有的传统和固化界限。通过这一方式，高校不仅可以深入扩展思想政治课程和课程思想政治的内涵和外延，而且能够营造一个充满活力的环境。在这个环境中，原本相对独立的思想政治课程和课程思想政治两个子系统得以有效连接，实现资源和利益共享，从而极大地促进联动育人效果的全面增强。

首先，育人主体间的融合与联动至关重要，同时，还需打破思想政治课程与课程思想政治之间的内容隔阂。在推进这一过程中，高校思想政治教育需要广泛吸纳不同学科的教育养分。陈旧的教学内容已然与时代脱节，无法激发学生学习的热情，更难以确保思想政治教育的实效性。因此，高校需持续更新和扩充教学内容，整合各类教学资源，将多学科知识融入其中，以提升思想政治教育的吸引力，激发学生对思想政治理论知识的兴趣。此外，各科教师亦应摒弃单一的理论传授模式，巧妙地融入思想政治元素，结合当前社会热点，与时俱进，充分展现思想政治教育的时代意义。

其次，突破传统教育载体的局限，将思想引导与社会实践紧密结合。高校通过组织学生参与社会调研、参观考察以及实践创新等多元化实践活动，鼓励学生将所学的理论知识应用于实际情境中，深化对知识的理解和感悟。这些实践活动不仅提高了学生对社会发展的认知能力，还促使他们形成良好的道德素质。在参与这些活动的过程中，学生能够将所学知识等内化为自身的行为准则，进而外化为服务国家、贡献社会的实际行动和能力。这种教育模式的转变为学生提供了更为广阔的成长空间和更加丰富的实践经验，有助于他们成为具有社会责任感和创新精神的新时代青年。

（四）依托教学合作平台，提升育人效果

作为思想政治教育领域的核心力量，高校思想政治理论课教师在日常教学中肩负着繁重的教育任务。他们不仅要在课堂上传授思想政治理论知识，还要在课程思政建设中发挥对其他学科教师的引领、影响和推动作用，共同提升育人质量。通过跨学科的教育教学合作平台，高校思想政治教师能与其他学科的教师深入探讨育人理念，互相学习借鉴，从而取得更加优化的育人效果。这些合作平台既有线上交流形式，也有线下互动模式，为不同学科间的合作提供了多元化的途径。

借助思想政治教育资源库以及与之相关的公众号等在线教学协作平台，不同学科的教师可以轻松实现交流与合作。同时，利用线下教学合作平台，如与思想政治教育紧密相关的论坛、实践活动和讲座等，教师还能面对面地深入探讨育人问题，使这种交流与合作更加直接、深入和细致。

除了上述合作平台，各科教师还能通过线上或线下的途径观摩思想政治理论课的杰出示范课程，从而深化对课程思政教学理念的理解，进一步增强对思想政治教育的重视，并明确自身在其中的关键作用。同时，面对信息技术的飞速发展和新工具的涌现，教师应以人文关怀为指引，积极拥抱大数据、人工智能等前沿技术，增强课堂教学的吸引力，并致力于培养学生的爱国情怀和责任意识。

三、回归教育教学本质，提升人才培养质量

教育的本质就是以人为本、传道授业、教书育人。大数据作为互联网的“智慧之源”，推动高校思想政治教育更精准地“以人为本”，有效实现了精准认知、精准供给、精准预测，以便高校根据教育需求及时调整教育供给，有助于更好地服务学生成长成才，不断提升人才培养质量。大数据助力教育回归教育教学本质，具体如图 6-5 所示。

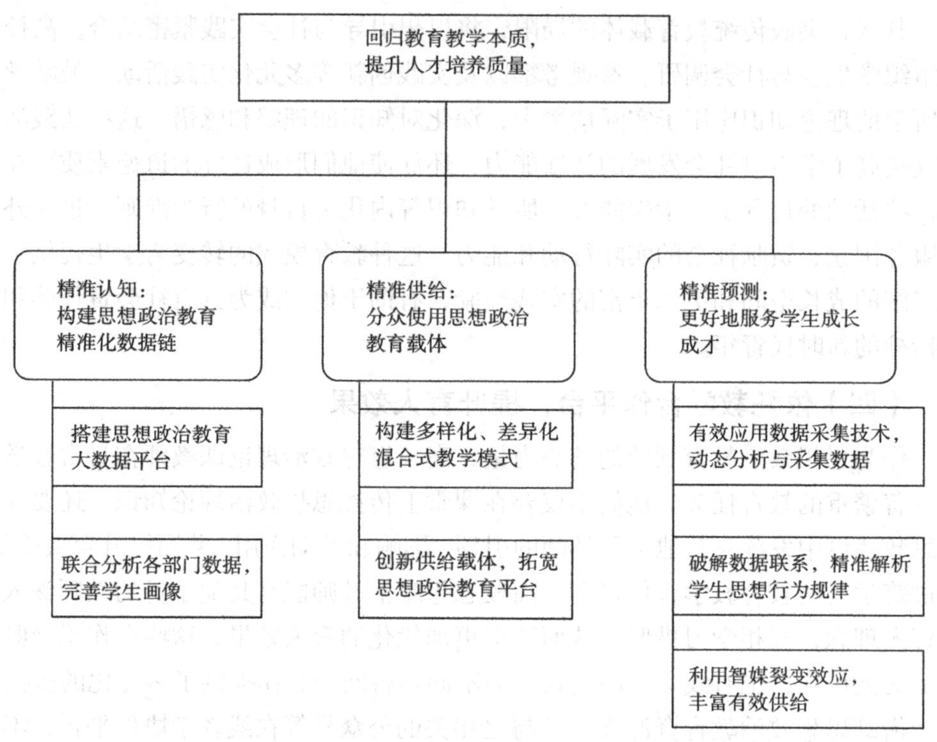

图 6-5　大数据助力教育回归教育教学本质

（一）精准认知：构建思想政治教育精准化数据链

1. 搭建思想政治教育大数据平台

“巧妇难为无米之炊”，纵使思想政治教育工作者的大数据素养再高，如果没有搭建学生数据平台，缺乏有效的数据获取渠道，思想政治教育工作者也难以对学生形成精准的认知，无法从真正意义上实现思想政治教育的精准化。平台作为一个载体，是帮助教育工作者更科学地了解学生的媒介。思想政治教育大数据平台的建设是有条不紊地开展高校思想政治教育精准化不可或缺的重要因素。近些年，大数据技术逐渐成熟，国内越来越多的高校积极推进智能校园建设，平台形成的数据链推动着思想政治教育工作的有序进行。

当前，众多高校纷纷投身于信息管理平台的建设，并成功整合了全校师生的信息资源。以国内高校为例，清华大学、复旦大学、浙江大学、电子科技大学以及苏州大学等已经凭借大数据技术成功构建起信息管理平台，并深入探索了智慧校园数据的价值。值得一提的是，浙江大学在智慧校园的助力下，不仅全面收集了校内各类数据，还为师生提供了个性化的查询和分析服务。校内管理者、教师以及学生都能轻松登录系统，随时获取所需数据，为学校的各项决策提供有力支持。学生现在可以利用信息管理平台查询和了解校内资源的实时使用情况，涵盖教师空闲时间、自习室座位状况、实验室预约情况及图书馆藏书状态等。基于这些信息，学生可以更加合理地安排自己的学习计划，这样做不仅能有效节约学习时间，还能显著提高校内有限资源的整体利用效率。

2. 联合分析各部门数据，完善学生画像

了解学生是开展高校思想政治教育工作的重要前提和基础。大数据时代出现了很多新技术、新设备，如智能手机、各种传感器、“可穿戴”计算设备及无线射频识别技术等，很大程度上提高了数据产生的无意识性。随着技术的不断升级和突破，高校能够采集到学生多方面模块化的数据来完善学生画像，主要包括学生的生活情况、学业发展情况及社会实践情况等，最终得到一个详细、动态呈现的学生思想及行为发展趋势。

随着社会的不断前行和变革，高校思想政治教育体系也在不断地自我革新以适应新的时代需求。在教育工作逐步细化的同时，一个潜在的挑战也逐渐浮现——教育内容的“碎片化”和“分散化”。由于高校内部教务、人事、学生工作、科研及后勤等部门各有其职责与任务，若它们各自为政，缺乏必要的协调与整合，这种分散化的状态无疑会对学生综合素养的培育造成阻碍。

因此，为了促进学生的全面发展，必须坚持整体性教育原则，通过跨部门的数据共享与分析，构建一套统一的高校思想政治教育联动体系，从而彻底打破这种碎片化的局面，加强顶层设计，确保各部门在明确职责的同时也能相互协作，共同推动思想政治教育工作的进步。

（二）精准供给：分众使用思想政治教育载体

1. 构建多样化、差异化混合式教学模式

随着物联网、大数据、云计算、人工智能等新一代信息技术的蓬勃兴起，线上线下融合发展已经成为各个领域、各个行业的一种新常态，特别是大数据技术依托互联网技术应用更加广泛。社会生活中的每个领域，包括政治、经济、文化、科技等，都因大数据的加入而变得更加多姿多彩，这种融合互动、跨界发展的形式形成了社会的新发展格局。

随着大数据时代的到来，信息传播和知识传递的方式经历了颠覆性的变革。

地域和时间的界限被打破，跨地域、跨时间的传播方式极大地提升了学习的灵活性和便捷性，让学习活动不再受限于特定地点和时间，变得无处不在。与此同时，学习模式的转变也赋予了学生更大的自主选择权。通过大数据技术在教育领域的广泛应用，教育正逐步向着理想化的教育模式靠近，使得教育更加个性化、精准化，满足每个学生的独特需求。

在线教学模式主要有两种：一种是电视教学视频模式，即组织者是各级教育部门，在线教学形式是以电视为媒介的直播和点播；另一种是教师的直播课堂模式，即组织者是各学科教师，教师可以结合教学平台显示的数据自主设计课程，以直播的方式进行授课。在线教学并不是简单地将教学场所由线下搬至线上，而是需要教师队伍投入一定的时间和精力进行设计，并且离不开技术人员提供的强有力技术支撑。

线上教学作为当今时代教学领域的创新实践，不仅是教学模式的一次重大变革，还是教育发展的必然产物。它充分展现了教师在教学中的引领作用，同时凸显了学生在学习中的主体地位。与传统的线下教学模式相比，线上教学不仅提升了师生互动的频率和效率，还极大激发了学生的学习热情与交流兴趣，增强了他们的学习动力。此外，师生之间的线上交流也有助于及时发现学习中的问题，并做出迅速而有效的调整。无疑，大数据的兴起给传统思想政治教育教学带来了深远的影响，对人才培养方式提出了新的挑战。只要教师积极利用这一教学模式，必将使高校思想政治教育效果得到显著的提升。

2. 创新供给载体，拓宽思想政治教育平台

在高校思想政治教育中，载体占据了举足轻重的地位，它不仅是教师和学生沟通的桥梁，还是学科领域内的核心要素。此外，载体还扮演着连接不同教育方法与途径的重要角色。然而，传统的课堂教学受限于技术手段，往往难以针对个性迥异的学生群体进行全面有效的教育。幸运的是，大数据技术的崛起与运用为思想政治教育载体注入了新的活力。它不仅促进了传统与现代、线上与线下多种载体形式的融合，还通过优势互补使得各种载体能够充分发挥其作用，从而更好地满足学生的个性化需求，提高思想政治教育的精准性和效益。

（1）继续保持和发挥传统载体优势

高校思想政治教育传统载体指的是在以往的高校思想政治教育中，曾经得到了教育工作者的广泛应用并发挥了正向、积极教育作用的载体形式。高校思想政治教育传统载体种类多种多样，主要包括线下课程载体、谈话载体、校园活动载

体、传媒载体、校园管理载体以及校园建筑载体等，不同的传统载体所发挥的作用也有所不同。高校思想政治教育传统载体具有以下特点。

其一，具有较强的集中性。为了给学生留下深刻印象，需通过连续、重复的思想政治教育来刺激他们的听觉与视觉，从而吸引他们的注意力，深化他们对知识的认知，并最终达成知识外化为行动的目标。传统载体正是凭借这一特点集中并反复地传达核心知识，有序引导学生学习，最终取得理想的思想政治教育效果。

其二，教师主体地位突出。传统载体在高校思想政治教育中突出了教师的主体地位。例如，在线下课程中，为了让学生深入理解教育内容，教师会多次强调和重复关键内容，这充分展示了教师在传统教育过程中的主导和引领作用。

在以往的高校思想政治教育中，这些传统载体发挥了非常重要的作用，具有传导教育和教化教育对象的作用，有必要继续保持和发挥其优势。首先，取其精华，合理应用。例如，教师可以巧妙运用谈话载体，单独教育认知水平较低的学生，通过面对面的方式与学生进行深入的交流，有助于优化思想政治教育效果。再如，合理运用线下课程载体，着重传递重要的教育内容，加深学生对知识的印象，以达到外化于行的目的。其次，与学生实际相结合。在教学实践中，教师要灵活运用探讨式教学法、启发式教学法，鼓励学生大胆发言、归纳总结，促进学生个性化发展。对于晦涩难懂的理论知识，教师可以为学生列举一些身边的真实案例，并鼓励学生尝试将所学知识应用到实际生活中，不断优化教学效果。

在这些思想政治教育传统载体的具体应用过程中，逐渐暴露出一个问题，即这些传统载体往往无法适用于所有学生，难以满足不同学生的需要。单一载体往往适用于某一类学生，但是在另一类学生身上受益甚微。因此，有必要拓展教育载体，从而使教育载体真正地满足每名学生的实际需求。

（2）充分利用大数据开拓新载体

随着社会的进步与发展，高校思想政治教育中逐渐形成了具有时代特征的新载体，促使高校思想政治教育载体的种类越来越丰富。大数据时代的到来对高校思想政治教育环境造成了一定冲击，现如今教育的内外环境已经“今时不同往日”，创造出更多满足个性迥异学生的需求和具有时代特点的新载体是新时代教育教学的呼声。大数据时代的载体主要包括线上课程载体、文化载体、微媒体载体及科研载体等。大数据时代的高校思想政治教育新载体主要具有以下几个特点。

其一，互动性。在大数据的浪潮下，思想政治教育的传播方式正逐步革新，更加注重师生间的实时交流。通过网络平台，教师可以不受地域和时间的限制，迅速回答学生的问题，从而促进学生学习效果的显著提升。

其二，实时性。在大数据时代，信息的更迭速度日新月异。为了紧跟这一步伐，高校思想政治教师需要借助现代载体，以确保能够迅速捕捉并传递给学生所需的信息。更重要的是，现代载体不受传统发行、印刷等环节的制约，可以实现信息的高速、大范围、实时传播。

其三，学生主体性增强。在当今的大数据背景下，高校思想政治教育正积极寻求现代化的传播方式，其核心在于激发学生的参与热情。教师应转变为引领者和辅导者的角色，旨在增强学生的主动性，进一步挖掘学生的潜力，鼓励学生形成对教育内容的独到见解，并通过网络平台表达这些想法。教师能够根据这些反馈，灵活调整和优化教育内容，确保教育内容的多样性和创新性。

大数据技术的引入为传统媒体之间搭建了一座桥梁，使它们能够相互关联、协同工作，各自发挥优势并互相弥补不足。与此同时，大数据作为一种创新性的关键载体，它以数据化的方式清晰展现了学生的多元信息，涵盖了学生的基本资料、家庭背景，以及他们在校园内外的生活状态和学习状态。

（3）传统载体与新载体融合发展

在高校思想政治教育实践中，将传统载体与新载体融合发展是提升教育供给精准性的核心策略。教师在教学活动中，可以充分利用线上课程这一现代载体，将复杂的思想理论以直观、生动的方式展示给学生，帮助他们更深刻地理解和吸收这些抽象知识。

此外，线上课程还具有极强的时效性，可以迅速地将时事热点融入教学内容，使教学更贴近社会现实，也能让学生在实践中锻炼分析问题的能力。课后，学生可以利用微媒体载体进行知识的复习和巩固，并通过微信等社交媒体平台与教师进行实时互动，深化对课程内容的理解和吸收。

（三）精准预测：更好地服务学生成长成才

1. 有效应用数据采集技术，动态分析与采集数据

在日新月异的数据化时代，促进大数据的预测功能与育人工作的深度融合是高校思想政治教育对“数据化时代”的回应方式。高校通过对数据的挖掘与分析，能够根据学生校内和校外的思想和行为信息，通过大数据进行预测，从而第一时间采取措施预防学生出现不良思想和行为，这为提升高校思想政治教育的预防性提供了良好的技术支撑。

在高校思想政治教育实践过程中，已经有越来越多的采取大数据手段取得精准预测效果的真实案例。对于高校思想政治教育工作者而言，相比于“亡羊补牢”，

“未雨绸缪”的效果要更加明显。通过动态分析与采集数据进行大数据的预测，可以为高校思想政治教育内容、方式的设置提供更多可选择的预案，这样一来，即便遇到突发事件，思想政治教育工作者也能灵活地采取可行、可操作、可靠的方案。

2. 破解数据联系，精准解析学生思想行为规律

大数据背景下，数据成为揭示社会智慧的重要媒介。然而，若这些数据缺乏条理性和规律，即便其种类繁多、数量庞大，也难以转化为有价值的信息。因此，数据的产生并不是终点，而是探索知识世界的起点，更为关键的是基于这些数据精确地解读出学生的思想行为模式。通过系统地收集和分析学生不同时期的思想行为数据，可以更全面、科学地评估他们的个性、需求和兴趣，从而更加精准地满足他们的需求，实现个性化的教育和服务。

尽管学生的思想与行为常常表现出强烈的主观性和变化性，但在特定的时间段内，我们仍然能够发现其中的规律性。例如，高校通过收集学生的图书馆借阅记录和选课数据，可以有效地洞察出学生的部分兴趣。更进一步地，当学生对某一领域表现出浓厚兴趣时，这往往能在一定程度上映射出他们的性格特质。例如，热衷于体育活动的学生与对传统文化怀有浓厚兴趣的学生，在性格上往往有着显著的差异。面对这些兴趣爱好和性格各异的学生，高校应积极挖掘和利用多样化的教育途径，灵活地调整和优化思想政治教育的内容与形式。这样不仅能够更好地满足学生的个性化需求，还能进一步促进他们全面而均衡的发展。

3. 利用智媒裂变效应，丰富有效供给

网络思想政治教育是高校思想政治教育的重要组成部分，网络传播具有非常突出的广泛性、快捷性、互动性、极速性，这就直接决定了网络思想政治教育是需要引起高校思想政治教育注意的问题。

随着大数据技术的飞速进步和逐渐成熟，网络思想政治教育正展现出一种裂变式的发展态势。学生群体的生活节奏相似，对热点话题的敏感度和讨论热情都相当高，同时他们还拥有许多共同的爱好。当这些学生将自己的日常点滴通过自媒体平台分享出去时，这些内容往往能在短时间内获得大量的关注和讨论，成为舆论的焦点，并可能进一步引发更深层次的思考。随着移动互联网以及社交媒体的持续更新，当代学生不仅是信息的接收者，还是信息的创造者和发布者。从更深一层看，以大数据为基石的新时代社会，其快速传播和即时互动的特点打破了传统教师和学生之间的界限，学生对某些重大事件的所见、所闻、所感应当被呈现出来。

现如今，学生已经成为信息的生产者、输出者，特别是在开放共享的大数据时代，高校可以充分发挥学生的主观能动性，鼓励学生善于发现并加工、创作生活中的素材，化身网络正能量的传播者。例如，现如今有很多短视频平台受到学生群体的广泛欢迎，很多学生喜欢将自己的日常生活和学习状况分享到这些平台上。因此，高校也可以自主研发富有特色的官方平台，激发学生在网络世界中的主动性、积极性，为学生想象力、创造力的发挥提供良好平台。一方面，高校通过与学生之间进行实时互动，有重点、有目的地调整思想政治教育内容和教育方法。另一方面，高校可以引导学生以高涨的热情投入到所学知识的理解和再创造中，以同龄人的视角和心理完成创作；通过激发学生的潜能和创造力，为思想政治教育提供更加丰富的素材和资源，丰富思想政治教育资源和教育方式。

第七章　大数据背景下高校思想政治教育的转向和路径优化

随着信息技术的迅猛发展，数据的收集、分析与应用正深刻改变着教育领域的生态。因此，探索大数据背景下高校思想政治教育的转向和优化路径，不仅是对教育理念的革新，还是对教育实践模式的重塑。大数据背景下高校思想政治教育的转向和路径优化旨在通过数据驱动，实现教育资源的精准配置，提升高校思想政治教育的针对性和实效性，进而培养出更多具有时代责任感和使命感的新时代青年。本章围绕大数据背景下高校思想政治教育的转向及大数据背景下高校思想政治教育的路径优化两个方面展开论述。

第一节　大数据背景下高校思想政治教育的转向

大数据与高校思想政治教育的跨学科研究起始于2013年，这一年被视为大数据元年；2015—2016年，该领域的研究成果呈现爆发式增长；2017年，它依然受到学术界的高度关注。许多思想政治教育领域的学者对大数据的理解主要源于奥地利数据科学家维克托·迈尔-舍恩伯格在其著作《大数据时代》（2013年版）中的阐述。他强调，大数据不仅是一种技术或工具，还是一种思维方式和价值导向。他鼓励人们不再局限于随机样本，而是全面考虑所有数据；不再追求绝对的精确性，而是接受一定的混杂性；不再执着于因果关系，而是更关注数据之间的相关性。在这样的理念下，多数学者认为大数据能够推动高校思想政治教育的“科学化”和“精准化”发展。这意味着，教师可以依靠大数据即时、全面的统计分析，而非仅凭个人经验和主观判断，来做出更为科学、精准的教育决策，从而提升高校思想政治教育的实际效果。具体来说，大数据背景下高校思想政治教育的转向主要表现在以下两个方面。

一、高校思想政治教育形态的转向

大数据背景下，教育领域正经历着一场前所未有的变革。其中，高校思想政治教育作为教育的重要组成部分，也在积极适应这一新时代的需要。大数据不仅渗透到了人们的思想引导和精神活动中，还在悄无声息中重塑着高校思想政治教育的各个环节，引发了教育形态的深刻变革。高校思想政治教育的大数据化已成为推动其现代化发展的全新使命和发展趋势。高校思想政治教育形态的转向主要体现在以下几个方面。

（一）数据化思想政治教育

数据化思想政治教育就是将思想政治教育的核心内容、教学手段及其实施流程进行数字化和可视化表达。目前，思想政治理论课的讲授方式多聚焦于理论阐释与案例分析，这些方法在理论上往往难以达到全面深入的程度，因此，学生可能难以真正领会到这类课程的实际价值和重要性。与过往的定量研究方法相比，大数据的显著特点在于，它能够更为精确、直观地测量和呈现学生的认知、思维、情绪及行为这些在传统方法中难以量化的元素。基于这一优势，未来的思想政治理论课可以尝试将课程的几个关键议题以专题形式进行数据化剖析和可视化解读。

在大数据背景下，思想政治教育对教师提出了更高的要求。他们不仅要有深厚的思想政治教育功底，还需具备数据分析、软件开发和定量研究等多元化技能。目前的教育团队，包括思想政治教师和辅导员，都面对着适应这一变化的挑战。因此，思想政治教育部门需要与数据公司建立合作关系，并充分利用高校内部的大数据研究中心（如清华大学的“行为与大数据实验室”等），共同探索思想政治教育的创新路径。

（二）预测性思想政治教育

大数据的崛起预示着预测时代的降临，其独特之处在于，它更侧重于揭示事物间微妙的相关关系，而非传统的因果关系。在这个范式中，“基于相关性分析法的预测”成为大数据的精髓。大数据通过庞大的数据探索事物间的相互关系，运用数据挖掘技术揭示其中隐藏的规律，进而利用这些规律来解读历史并预测未来。

对于思想政治教育工作者而言，大数据的预测功能有助于他们洞察学生的思想和行为动向，提前预判并规划未来的教育方向，采取预防性的教育策略。同时，在保护学生隐私的前提下，教育工作者可以与大数据机构携手，分析学生的学习需求、发展潜力和潜在问题，提前进行引导。他们还可以深入分析网络舆论，掌握其传播路径和规律，从而更有效地进行预测性思想政治教育。

（三）个性化思想政治教育

思想政治教育工作者可以凭借大数据分析技术深入挖掘学生在学习、成长过程中的多元化需求；可针对某一具体现象或典型个案，进行详尽的实证研究，为每位学生提供精准且个性化的思想政治教育方案。对不同类型学生的研究至关重要，需制定全面的应对策略。

例如，基于过去大一新生在思想道德成长方面的数据，可以利用大数据技术分析他们在学业、生活、心理、社交等方面的具体困扰，然后制订一系列具有高度针对性的思想政治教育计划，为一线教育工作者提供多元化的指导和参考。

二、高校思想政治教育主体的转向

随着大数据时代的发展，社会正经历着前所未有的变革。这一变革不仅推动了社会技术的进步，而且对高校思想政治教育主体产生了影响。在这种新的社会与科技发展背景下，高校思想政治教育面临着全新的任务和目标。为了满足这些要求，高校必须采用创新的手段和方法，以适应不断变化的社会发展形势，从而有效地完成高校思想政治教育的各项任务。高校思想政治教育主体的转向体现在以下两方面。

（一）高校思想政治教育主客体关系的转向

第二代互联网技术的崛起为网络环境下主体与客体间关系的变革提供了坚实的技术支撑。在这一背景下，教师与学生之间构建起了一种以相互性为核心的交往实践关系。与此同时，大数据技术的迅猛发展进一步加剧了这一趋势，使得传统的、单向的高校思想政治教育方式显得愈发不合时宜。所谓交往，是指在共同存在的主体间发生的相互影响、交流、沟通和理解。交往式思想政治教育正是基于这样的理念，通过教师与学生之间的信息与情感交流，促进双方的思想政治发展和道德境界提升。这种模式是主体间性思想政治教育实践的理想形态，二者的核心精神是一致的。交往式思想政治教育以其独有的特点，成为现代教育领域的重要实践方式，其主要有以下特点。

第一，多级主体性。交往式思想政治教育革新了传统的对象式教育模式，将原本单向的教育过程转变为双向互动。在此模式下，教师不再是唯一的主体，学生也获得了主体地位，双方享有平等的发言权，可以自由地表达观点，同时也需倾听对方的意见。这种转变强调了教师与学生的平等性，教师的引导角色基于对学生主体性的尊重。学生对教师的信任不是外界强加或上级赋予的，而是在网络互动中基于自我判断和自主选择建立的。

第二，平等对话性。教师的角色已不再是单纯的权威象征。尽管在知识、经验和技能上，教师确实拥有优势，但在法律框架和人格尊严上，他们与学生是平等的。学生在成长的过程中可能有所不足，但这只是成长的必经之路，他们同样享有与教师平等的地位，并有权表达自己的观点和想法。在高校思想政治教育中，教师和学生都是核心的主体和参与者，共同推动教育活动的进行，这是构建交往式思想政治教育的基石。

第三，双向建构性。在高校思想政治教育过程中，教师与学生之间的交往是一种双向的交流与影响。他们在相互交往的过程中，不仅向对方施加影响，同时也在无形中受到对方的影响。学生不仅是知识的接收者，还是信息的传播者，他们的反馈和见解为教师提供了宝贵的养分和启发。这种“教学相长”的理念正是对双方共同成长、互相促进的生动写照。虽然教师扮演着引导者和指导者的角色，但他们也必须倾听学生的声音，汲取他们的智慧和观点，否则就有可能失去学生的认同和支持。

（二）高校思想政治教育主体产生了转变

第一，教师从信息优势向“意见”优势和思想优势转变。在大数据背景下，教师传统的信息优势逐渐淡化。学生能轻易接触到海量的信息，因此他们不再满足于仅仅获得信息本身，而是更期待教师能够提供那些充满洞见和智慧的“意见”以及深刻的思想。这些“意见”和思想在大数据时代显得尤为珍贵，是真正的稀缺资源。因此，高校思想政治教师需要凭借其在“意见”和思想上的优势，来引领和深化高校思想政治教育的过程。

第二，互动中实现隐性教育，发挥教师在网络中的思想政治教育作用。为了更有效地引导学生，教师必须提升他们的网络交流能力。通过在网络平台上与学生进行积极互动，教师可以实现这一目标。例如，教师可以精心策划微博和微信的内容，设定讨论话题的框架，并对传播内容进行严格筛选，充分利用微传播容易形成意见领袖的特性，选拔和培养一批骨干，建立自己的媒体平台，进而在网络和现实生活中发挥引导舆论的积极作用。

第二节　大数据背景下高校思想政治教育的路径优化

高校应抓住大数据背景下的机遇，主动地迎接挑战，利用大数据技术趋利避害，建立适应大数据时代发展要求的思想政治教育，争取思想政治教育的主动权，拓展大数据时代进行高校思想政治教育的有效途径，以取得高校思想政治教育工作的更大进步与成效。大数据背景下高校思想政治教育的路径优化可以从以下几方面入手。

一、加强法律约束

法律约束是指借助国家立法机构制定的法律法规对社会个体的行为实施的一种规范和控制机制。它是完善管理体系不可或缺的一环。法规体系中的法律条文、法令、规定等，一旦通过合法程序确立，便具备了法律约束力，这种约束力受到国家强制力的保障。高校思想政治教育功能的发挥必须以资源为供应并提供动力。法律的功能被细分为规范性与社会性两方面。前者强调法律在塑造人们行为方式上的准则性，后者则强调法律服务于社会目标的达成。在高校思想政治教育中，法律成为不可或缺的资源，为教育的深入开展提供了强大的支撑作用。通过法律手段，可以更加深入地挖掘和利用思想政治教育的资源。这不仅能够深化教师和学生对高校思想政治教育核心价值的认知，还有助于优化教育实践中的资源获取和利用流程。通过这样的过程，可以更加准确地把握高校思想政治教育的本质，赢得社会的广泛认可，并最终提高高校思想政治教育的实际效果。

随着大数据技术的迅猛进步，我国社会面貌焕然一新。然而，在高校中，个人主义、拜金主义、享乐主义等冲击了学生的思想。在如此严峻的形势下，高校思想政治教育的最原始的灌输和说服方式所产生的力量和效果都显得比较羸弱，只有依靠法治力量并强化思想教育，才能减少学生认识和思想上的混乱，弥补思想政治教育依靠说教等方式带来的执行力弱的缺点，促进高校思想政治教育的顺利开展。

法律与思想政治教育之间存在着一种密不可分的关系，两者在塑造人的行为与推动社会前进方面相辅相成。在法律规范人们行为的时候，思想政治教育通过其潜移默化的方式，强化人们的道德“觉悟”，以“号召”的形式引领人们向善。在高校中，这种教育方式尤为显著，它在多数学生中产生了显著效果。然而，对于那些道德感薄弱、缺乏追求的人来说，该教育方式的影响力可能会大打折扣。法律则不同，它不仅能通过强制性的法律手段惩罚那些不道德的人，保障道德规范的实现，还可通过授予荣誉称号、表彰、晋级等法律手段，鼓励人们的道德追求，对于提高思想政治教育实效性大有裨益。

政府立法与高校规定齐头并进，共同构建了一个健康的大数据环境。政府通过立法手段为大数据的使用设定了明确的规范，旨在净化网络环境，消除不文明和违背道德的行为。同时，这些法律也为学生提供了明确的指导，引导他们健康、合理、合法地利用大数据资源。当然，单纯的政府立法是不够的，由于高校是社会和历史的一部分，不同的高校有自己不同的传统和实际，所以在进行立法“一刀切”管理的同时，各所高校还应该因“校”制宜，不失时机地制定大数据管理条例和行为准则，用以规范高校思想政治教育工作。

高校思想政治教育工作者承担着弘扬政府法律精神、增强学生法律意识的重任。在高校思想政治教育中，必须坚守法律底线，做到依法办事，确保一切教育活动都有法可依、有章可循。这样才可以有效维护网络环境的纯净，防止学生因网络行为不当而触犯法律。面对网络上的不良信息和行为，高校应积极发挥引领作用，站在舆论前沿，利用法律工具，通过合理途径对不良内容进行严格把关和清除，彻底切断不良信息的传播途径，营造一个安全、健康的网络环境，为学生的全面发展提供坚实的法律保障。

二、加强行政约束

行政约束指的是为了确保社会和他人的安全，有关部门对存在潜在危险性的自然人采取的一种暂时性限制措施。人才的培养是国家的根基，高校则肩负着这一重任。然而，在大数据浪潮中，一些不良风气正悄然影响着学生的思想，这些风气不仅影响了学生对世界的认知，还影响了高校整体发展的步伐。因此，高校需要利用行政力量制定和实施有效的约束措施，以规范学生的行为，促进他们之间的和谐，以及他们与高校、社会之间的良好关系，从而培养出具有良好思想道德品质和行为习惯的学生。

大数据技术的发展使得高校思想政治教育工作的复杂性和艰巨性增加。在思想政治教育工作中，高校应当构建并不断完善突发事件的应急管理机制。这一机制的核心在于确保组织机构完善、人员配备到位，以及责任分工清晰明确。只有如此，才能做到未雨绸缪，有效地预防并控制可能出现的危机，从而最大限度地维护高校正常的教学秩序和生活秩序，保持校园的和谐稳定。

高校加强行政约束的一个很重要的方面就是担负起监控校园舆情的重要责任。这项工作的主要负责人应该是从事高校思想政治教育的行政管理人员，这要求对学校舆情的监控能够实现在第一时间准确地把握学生心理动态，防止群体性事件的发生，务必将一些危机事件的苗头消灭在“摇篮”之中。应对与遏制不良信息的泛滥传播任重而道远，具体来说有以下几个方面。

（一）建立高校舆情危机事件应急处理小组

大数据时代为信息的流通提供了前所未有的自由，这使得学生置身于一个信息纷繁复杂的环境中，有价值的信息与无用的信息、真实的陈述与虚假的陈述、先进的观念与陈旧的观念都并存其中。对于这一现象，高校必须有明确的认知。若处理不当，学生的道德判断可能会变得模糊，社会责任感也会逐渐淡化，进而可能引发学校乃至社会的不稳定。这无疑给高校思想政治教育工作带来了挑战。

考虑到学生的心理尚未完全成熟，面对信息轰炸，他们的心理防线可能会被打破。再加上普遍存在的从众心理，他们在处理敏感或热门话题时往往缺乏理性，容易引发事态失控，产生不良影响。因此，为了应对校园舆情危机，高校需要采取多项措施。通过设立专门的舆情危机处理团队并编制详尽的舆情应急预案，建立学生的心理档案，确保在紧急情况下能迅速启动应急方案，为涉事学生提供及时的疏导和指引。在危机出现之前，高校就应该借助思想政治教育网络平台和论坛发布准确且权威的信息，旨在揭示事件真相，使学生能够把握事态发展，稳定情绪，从而维护校园环境的和谐。

此外，高校还需要积极利用社交媒体平台，洞察学生的思想动态，引导他们正确面对敏感事件，以净化网络环境。在选拔应急小组成员时，高校应强调政治觉悟、思维敏锐性和处理事务的理性，优先选择具有这些特质的学生干部和党员。同时，高校还要认识到突发事件的发展是一个渐进过程，应加强对应急组织人员危机传播管理意识的教育，确保信息传递的畅通与高效，并持续完善组织体系，实现人员管理的常态化，为行政干预提供坚实保障。

（二）建立高校舆情监督机构

所谓监督指的是及时发现和纠正计划执行进程中的偏差和错误。针对高校舆情管理，需构建一套完善的规章制度体系，清晰界定每位员工的职责范围。实施严格的岗位责任制，不仅要定期审视工作执行情况，还要进行不定期的抽查，以便及时发现潜在的问题和矛盾。一旦发现问题，应该迅速查明原因，并采取相应措施予以解决。此外，监督范围不仅限于人员和教育、教学过程，还应包括计划、制度本身的合理性和有效性，确保制度与时俱进，适应高校发展的需求。

监督的主要手段有检查、评比、总结、考核、教育和鼓励。为了确保问题的快速发现和有效解决，减少潜在损失，必须构建一个反应迅速、信息精准、执行有力的反馈信息系统。对于媒体发布的各类信息，高校舆情监督机构应当实施严格的审核机制，不仅要有效过滤整合信息，还需在内容呈现上增强其实效性，提升信息的品质与实用性。为此，高校舆情监督机构的构建应明确各岗位职责，规范送审流程，提升审核效率，确保问题一经发现便能迅速反馈并被有效纠正，从而强化审核制度的执行力度。

（三）发挥学生干部与学生党员的主体性作用

学生干部与学生党员在信息流通领域占据着举足轻重的地位，他们是确保信息有效传递的关键环节。为了维护信息的正确性和及时性，高校应借助行政力量，精心培育一支具备先进思想的学生干部和学生党员队伍。这支队伍将负责发布符合主流价值观的信息，与学生深入交流，以防不法分子或机构借敏感事件煽动社会舆论。高校思想政治教育不应只局限于被动防御，更应积极主动，掌控话语导向。为此，需要不断加强这支队伍的建设，包括强化他们的主体责任感、提升他们的思想政治水平，以及为他们搭建更多的活动平台。

在高校教育体系中，思想政治教育与行政管理呈现出一种紧密而和谐的关系。思想政治教育为行政管理提供了坚实的思想基础，是确保行政管理工作方向正确、内容充实的先决条件。没有行政管理的思想教育是软弱无力的思想教育，没有思想教育的管理是盲目的管理。行政管理既代表学生的根本愿望和利益，也代表学校的意志和要求，它的强制性特质是建立在合理性、合法性和有人情味的基础上的，因此，只有合理的行政管理才能确保高校思想政治教育的长期效果。思想政治教育强化了行政管理的执行力和影响力，而行政管理则进一步巩固了思想政治教育的成果。所以说，行政管理是思想政治教育的一种形式，思想政治教育也是一种管理手段，二者相得益彰。

三、加强高校思想政治教育的异化风险防范

与传统高校思想政治教育相比，大数据背景下的高校思想政治教育模式已经发生了显著的转变，它不仅重塑了工作范式，还优化了作用机制。因此，要实现高校思想政治教育数据化，加强高校思想政治教育的异化风险防范，应把握关键要素，具体从以下方面展开。

（一）培养数据化思想政治教育思维与数据技能

构建并培育一支在数据素养与技能方面均有所建树的思想政治教育团队是确保高校思想政治教育能够顺利进行数字化转型的关键基础。此外，强化主体意识的塑造是防范个体在认知上产生偏差以及确保思想政治教育价值不发生偏离的重要策略。高校思想政治教育数据化主体的培养要形成“专”与“新”结合的模式。“专”即在科技化浪潮中要培养坚守高校育人规律的专门人才。“新”则体现在以下两个方面。

1.“新”技能

在高校思想政治教育中实施数据化战略，关键在于提升教师对数据化技术的掌握程度。这要求加强技能培训，使教师能够熟练地采集、分析并应用数据，从而应对数据技术的挑战。通过这样的培训，他们能够避免因技术能力的不足而引发的对数据理解的偏差。

2.“新”思维

在大数据的背景下，必须进行认知思维的革新。这要求具备一种兼容并蓄的思维模式，既要把握数据间的关联性所带来的优势，又要坚守在特定情境中对因果关系的深入分析。需要辩证地、合理地看待数据思维与社会科学思维之间的关联，并学会根据不同的情境灵活地选择使用不同的思维方式。不应设定固定的界限来区分不同的思维方式，也不应片面地推崇或排斥任何一种思维方式。在高校思想政治教育数据化过程中，应高度重视数据分析的作用，同时注重“新”思维的发展。

（二）构建系统、共享的技术框架

推进高校思想政治教育数据化是一项涉及多方面的系统性工程，其核心在于构建一个集数据采集、共享、分析、应用和管理于一体的校园数据平台。尽管当前多数高校已建立智慧化校园平台，实现了数据的基本接入、推送和分析功能，但各部门信息化发展水平的参差不齐导致共享数据库的构建和统一数据平台的形成遭遇了阻碍。这种阻碍在高校思想政治教育领域尤为明显，常常出现多个系统并行的局面，使得数据收集工作需要在不同平台上进行，不仅可能导致数据失真，还难以实现全样本数据的采集，进一步加剧了数据管理的混乱。因此，要构建一个系统、共享的技术框架，具体如下。

首先，构建一个符合大数据时代特征的数据平台，它应涵盖三个核心层面：

数据采集、数据应用分析与数据应用。在数据采集层面，安全性的保障至关重要，需构建稳定可靠的运行环境，设立数据库，并打造一套完善的数据安全管理体系，以便对数据的流动进行实时监控。在数据应用分析层面，尤其需要注重构建适用于高校学生管理与教育领域的特色数据分析模型，以及一个动态数据治理的核心模块。在此过程中，必须将学生行为的分析和预测与常规的商业化行为分析进行明确区分。在数据应用层面，要打造统一的接入端口，实现数据分析的集成。

其次，除了将高校信息管理中心作为推动思想政治教育数据化的主要力量外，还应注重二级单位数据化平台的接入和强化。这样做不仅有助于完善整个数据技术体系，还能确保思想政治教育数据化的兼容性和适应性。

四、打造一支优秀的高校思想政治教育工作者队伍

高校思想政治教育工作者肩负着学生日常思想政治教育的重任，他们是学生成长路上的重要引路人，是心灵的导师和亲密的朋友。作为加强和改进学生思想政治教育的核心力量，高校必须持续优化思想政治教育工作者队伍的建设机制，通过精心选拔和培养，构建一支高水平、专业化的思想政治教育工作队伍，为学生的思想政治教育提供坚实的组织后盾。

（一）提升高校思想政治教育工作者大数据素养

1. 确定完善的大数据素养提升的制度方案

强有力的制度保障是提升高校思想政治教育工作者大数据素养的政策条件。这需要政府、高校和思想政治工作者形成合力，促进大数据提升制度和方案的确定与完善，采取有力措施将制度方案落到实处，并建立起有效的监督反馈机制。

一是国家政府部门制定提升大数据素养的相关政策，包括提升的要求、实施的标准、监督的机制和奖惩的制度等具体内容，要研制更完善的高校思想政治工作者大数据素养的职业标准。

二是各高校以国家政策文件为指导，结合自身的具体情况，制订适合本校思想政治教育工作队伍的具体方案。高校还要加大对大数据技术设施的投入力度，建设提升大数据素养的科学监测平台，保证相关政策方案的顺利实施。

三是高校思想政治教育工作者应积极参与制度方案的制订和完善，对于制度方案中不合理的部分要大胆质疑，勇于提出建议。如此自上而下制订的大数据素养提升方案才更有可操作性，才能真正为提升高校思想政治教育工作者的大数据素养提供政策支撑。

2. 组建大数据素养提升培训的专业团队

组建专业团队是提升高校思想政治教育工作者大数据素养的基本需求。提升高校思想政治教育工作者大数据素养的培训要加强与大数据相关专业学院和部门的联系与合作，组建一支精通大数据技术的专业团队。

首先，不仅要注重培训工作本身，还要重视在日常工作中对思想政治教育工作者的大数据应用过程进行指导。只有在实践中不断强化培训效果，才能在实践中发现新的问题，并不断更新培训内容。

其次，在进行自我探索的同时，也要学习借鉴外国的实践经验，但要注意结合我国国情和培训对象的具体情况，针对高校思想政治教育工作领域建立起合理的培训内容框架。

最后，应积极尝试多种多样的培训形式，包括小型课堂、专家论坛、咨询研讨会等，并建立健全培训现场的互动和反馈机制，提高培训的实效性。

3. 引导高校思想政治教育工作者形成大数据思维

形成大数据思维是提升高校思想政治教育工作者大数据素养的根本要求。思想是行为的先导，只有形成大数据思维才能真正纠正高校思想政治教育工作者对大数据的认识误区；只有培养他们的大数据意识，才能提高其科学利用数据的技术能力，更好地适应大数据时代，摸索出思想政治教育工作的规律，提高高校思想政治教育的质量。[①] 高校思想政治教育工作者并不一定需要成为大数据方面的专家，但必须形成大数据思维，这不仅是对其自身的要求，还是因为他们的行为和思维方式会对学生产生重要影响。引导高校思想政治教育工作者形成大数据思维应从以下几方面入手。

首先，要从强制手段开始。高校应该将大数据素养作为职业要求纳入高校思想政治教育工作者的选聘、培养和考核等具体环节中，强制他们学习大数据知识，提高其大数据技能水平。

其次，要树立榜样，加强说服教育。榜样的力量是无穷的。高校思想政治教育工作队伍中有大数据背景的复合型人才就是可以发挥榜样示范作用的主要力量。要在整个队伍中树立起榜样，加强对部分不主动人员的说服教育和感情浸染，潜移默化地改变他们的思维方式。

再次，要在整个高校内营造出大数据学习的浓烈氛围。提高高校师生与研究人员的数据共享意识，规范和指导研究人员的数据管理行为，鼓励科研人员进行

① 曹海峰．社会存在理论视野下的网络思想政治教育新探 [J]. 学校党建与思想教育，2014（10）：63-64.

数据提交与共享。大数据学习氛围的形成还需要通过多种途径进行宣传，如在学校论坛、微信公众号、微博等平台进行宣传。

最后，高校还可以组织思想政治教育工作者在普通群众中普及大数据知识，培养全社会的大数据思维，提高他们的参与度和成就感。

（二）更新观念，明确大数据定位

高校思想政治教育工作者应更新观念，明确大数据定位，用开放的心态对待新媒体。过去，权威的传统主流媒体一直在舆论监督中占据主导地位；如今，大数据时代的信息传输载体是新媒体。随着社会的变迁和大数据技术的迅猛进步，网络新媒体的崛起给这些传统媒体带来了前所未有的挑战。它们在舆论监督领域的引领者地位逐渐被新媒体取代，从舆论监督的引领者变为新媒体的跟随者。新媒体技术在教学中扮演着不同的角色。一是工具角色，作为一种教学工作实现的方式，新媒体技术能够为传统教学课堂提供新颖的软件和硬件的配合。使用新媒体，能够取得提升课堂效率、渲染课堂氛围、增强课堂感染力的效果。二是教师角色，借助新媒体技术手段，课前准备已经迈向了人机协同的新阶段。教师能够高效利用这些工具，将系统化的知识内容通过新媒体平台生动呈现，从而为学生精心准备预习材料，提前构建学习框架。三是学生角色，人机互动是新媒体的特色，新媒体的交互性使得学生可以借助新媒体完成学习任务，成为学生学习的“知心朋友”和“协作者”。因此，掌握了新媒体技术便可以掌握思想政治教育过程中的多种角色。

高校思想政治教育者在大数据时代要善待新媒体。新媒体独特于传统媒体的优势，在诸多方面都有所体现。一方面，新媒体以其独特的形式和强大的传播力，成为高校思想政治教育的新平台，其作用无可替代。高校思想政治教育工作者可以充分利用这一平台探索和创新思想政治教育工作的新路径，为教育注入新的活力。另一方面，新媒体可以更加便捷地、全方位地了解学生的心理状态，在高校思想政治教育过程发挥“知己知彼”的作用。高校思想政治教育工作者可以借此全方位解读学生的心理发展历程，有效制定和完善学生心理疏导与教育工作的新举措。

大数据背景下，高校思想政治教育工作者要善用新媒体，深入理解并精准把握大数据的核心功能和运行规律。他们应当积极吸纳大数据的独特优势，顺势而为、巧妙利用，使大数据成为推动高校思想政治教育工作创新发展的强大动力，从而更好地服务于高校教育事业。

一方面，高校思想政治教育工作者要重视大数据在信息传播中的地位，拥有“亲口尝梨知酸甜，亲身下河知深浅”的心态，借助大数据工具创新工作方式、方法。

另一方面，高校各部门在利用大数据技术方面进入全方位、多元化的阶段。高校思想政治教育工作者决不能仅把自己看作大数据手段和宣传领域的一个发布者和参与者，更要把自己摆在一个思想潮流引领者的位置。只有如此，才能在宣传领域中占据主动地位，成为真正的积极参与者，并努力成为备受尊敬的优秀教育者。

（三）进行角色定位和职责定位

高校思想政治教育工作者应明确自身职责，进行角色定位和职责定位，积极发挥职能作用。所谓高校思想政治教育工作者的“角色定位”，就是明确高校思想政治教育工作者在高校和学生的学习生活中所扮演的角色和发挥的作用。高校辅导员和班主任在高校思想政治教育中扮演着举足轻重的角色。辅导员制度是当前高校普遍采用的学生管理方式。新生入学时，从高年级优秀教师中挑选专职或兼职人员担任学生的辅导员，从事学生的思想政治教育、学生管理及学生党团建设等方面的工作。辅导员的角色定位概括起来就是“双重身份，亦师亦友”：辅导员既是课程的教授者，又是学生的管理者，具有“学术”和“行政”两种身份。在处理与学生的关系时，他们既是教师，又是朋友；对于学生而言，辅导员就像是引导者、规划者、思想者，引导学生正确发展，规划学生生活，为学生提供丰富的精神食粮。

在高校教育中，辅导员致力于将思想政治教育日常化，帮助学生深入了解和领会马克思主义精神实质。鼓励学生用动态和发展的视角看待马克思主义，进而理解当代中国社会的进步与挑战。这不仅增强了学生对马克思主义的坚定信仰，也稳固了其对社会主义和共产主义理想的信念。同时，辅导员应积极引导学生树立正确的世界观、人生观和价值观，塑造他们成为全面发展的新时代青年。

班主任制度也是当前高校普遍采用的一种学生管理制度。班主任不仅关注着学生的学业进步，还致力于塑造学生的品格、关心学生的身心健康和日常生活。作为班级的核心组织者，班主任是学生的领导者，同时也是他们的教育者。他们的工作不仅是传授知识，还包括引导学生形成正确的价值观和人生观。班主任的言行举止无一不成为学生的榜样，他们的职业特性决定了他们是学生的道德楷模。

班主任不仅是教育者，还是学生全面成长的指导者和推动者，把教书和育人两项职能有机地结合起来。

所谓“职责定位”，即明确高校思想政治教育工作者在学生思想政治教育中的具体角色与责任。辅导员的工作重心在于深入学生内心，进行思想引导与日常服务管理；而班主任则主要负责学生的学习规划与指导工作。一个优秀的高校思想政治教育队伍不仅要有坚定的政治信念及高水平的道德修养，还需具备与时俱进的学习能力，将大数据技术与思想政治教育相结合，创造出新颖、多样的教育内容，以满足新时代高校思想政治教育的需求。

（四）完善自身心理素质，提高创新能力

为了紧跟时代步伐，高校思想政治教育工作者需不断磨砺心理素质，激发创新意识，勇于探索，持续进步。在构建教师素质的多维体系中，思想道德、科学文化、法纪、审美、身体和心理素质等各占据一席之地，而心理素质更是这一体系中的关键支柱，其重要性不言而喻。拥有健康的心理状态能为教育工作者在思想政治教育工作中注入源源不断的活力，推动教育事业的蓬勃发展。

社会进步需要创新，高校的发展也需要创新。创新意识、创新精神构成了事业开拓奋进的基石，时刻保持创新意识、时时拥有创新精神、处处体现创新信念，将是人们与时俱进的思想引擎。创新是一个民族进步的灵魂，是一个国家兴旺发达的不竭动力，也是一个政党永葆生机的源泉。大数据时代向高校思想政治教育工作者提出了更高的创新要求。这种创新不仅仅局限于教育理念，还体现在工作方法、宣传手段及应对策略等多个层面。他们需要勇于突破传统，积极探索，以实现高校思想政治教育的与时俱进。

高校思想政治教育工作者要牢固树立“改革创新”的观念。首先，高校思想政治教育工作者应立足学生的个体成长愿望和社会期待，引领学生将个人的职业目标与学校的教育方针相融合，以最大化地为学生实现人格成熟、才能展现和事业成功创造环境。其次，为了显著提升思想政治教育工作的实效性，必须坚持“破旧立新”的原则，对现有思想政治教育体系进行全面改革和创新，无论是在理论上、内容上，还是在方法上、手段上，都需进行多层次的革新。

大数据技术的发展给高校思想政治教育带来的新情况、新问题需要我们做出新的概括和解释，这不仅是时代赋予高校思想政治教育工作者的新使命，还是创新和发展思想政治教育理论的新机遇。

五、重视高校思想政治教育网站建设

高校思想政治教育工作者应重视高校思想政治教育网站建设，开辟新的思想政治教育舞台。大数据背景下，高校思想政治教育网站建设变得异常重要。高校思想政治教育网站不仅是推进学生思想政治教育的核心平台，还是传播主流价值观、深化思想政治教育的重要途径。为了在大数据时代提升高校思想政治教育的积极性、效果与持久性，必须积极构建充满活力、具备示范引领功能的思想政治教育专业网站群。通过构建多层级、专业化的思想政治教育网站，辅以丰富的思想政治教育信息库和实用的软件工具，能够搭建起一个全面、立体的思想政治教育工作网络体系。高校思想政治教育网站建设应该从以下几方面入手。

（一）要准确定位

准确定位是网站内容布局和功能赋予的基石，它决定了网站能否取得预期的效果。在利用现代信息网络技术拓展高校思想政治教育的广度和深度时，必须确保网站不仅成为舆论宣传的阵地，还能成为一个促进素质提升、服务学生全面发展的平台。通过精心的策划以及运营，致力于将高校思想政治教育网站打造成一个多功能、高效能的互动空间。

（二）要优化内容

首先要加强思想性，提高渗透力，使网站朝着积极、健康、向上的方向发展，更好地促进社会的和谐与进步；其次要加强知识性，提高吸引力，高校应该积极挖掘思想政治教育的内涵，把网上的虚拟和网下的真实有机地结合起来，形成网上网下育人合力，从而激发学生的学习兴趣；最后要加强服务性，提高凝聚力。高校思想政治教育工作应从实际出发，与解决实际问题结合起来。网站建设要为学生提供服务，形成教育学生的平台。

（三）要加强交互性

网站的交互性特质革新了高校思想政治教育的形式，从传统的说教转向现代的对话交流。在这一双向交流的过程中，学生的平等地位得以彰显，他们的主体地位被充分尊重。这种变化极大地激发了学生的参与热情，提高了他们的参与意识。

六、培养学生自律自控能力

针对学生自律自控能力的培养，教育部在《关于加强高等学校思想政治教育进网络工作的若干意见》中提出了明确要求。为强化学生的自我约束能力，高校需持续优化相关管理规定，特别是在网络使用方面。通过建立健全规章制度，高校应严格监管网络运作，加强对校园网和局域网的维护，并对个人主页及其链接内容进行严格审查。同时，应实施实名注册制度，并借助技术、行政和法律手段，有效阻止不良信息的传播。在管理和教育并行的原则下，高校应通过多种形式，提升学生的网络法治观念、责任担当、政治觉悟和自律精神，从而塑造他们成为拥有健康网络道德、能够自觉抵御不良影响的现代青年。

自律并非意味着将自己困于繁多的规章制度之中，而是通过自我约束的行动，为自己构建一个有序的学习和生活环境。这种自律不仅不会限制人们的自由，反而能为人们在学习及生活中争取到更大的自由空间，让人们更加从容不迫地面对挑战。自律在高校思想政治教育过程中具有非常积极的意义。高校学生做到自律应该从以下几方面入手。

（一）强化自我责任意识

深化学生的自我责任观念，使他们深刻理解“无规矩则不成方圆”的哲理，这不仅能增强他们的责任意识，还能让他们明白遵守规矩的重要性。同时，还要让学生明白，他们的每一句话都承载着责任，从而培养他们的责任感。

（二）提高学生的判断力

实践教育可以有效提高学生的判断力。通过亲自参与和观察，学生能够更加深入地洞察事件的本质，这种实践将极大地提升他们明辨是非的能力，使他们在面对复杂情境时能够做出更准确的判断。

（三）提高学生的道德水准

在大数据的浪潮中，唯有建立自我防护机制，才能确保自身不被负面信息所淹没，保持独特的自我。学生在信息的传递与接收过程中，应坚守道德底线，不传播任何有害信息，如淫秽、暴力或反动内容。同时，他们应当坚决抵制利用大数据技术侵犯他人权益的行为，积极培养健全的人格，以彰显自身的独特魅力。

高校学生组织是高校思想政治教育的重要渠道。随着网络技术的不断发展及教育体制改革的逐步深化，学生的学习习惯和生活习惯正在发生显著的改变。积极参与各类学生组织和学校活动，不仅成为他们丰富校园生活、发掘兴趣爱好的新途径，还极大地拓宽了他们的社交圈，丰富了课余时光。高校学生组织在校园中扮演着日益重要的角色，它们不仅是学生自我管理和自我服务的平台，更是高校开展思想政治教育工作的有力抓手。中共中央、国务院发布的《关于进一步加强和改进大学生思想政治教育的意见》明确指出，学生组织在高校思想政治教育中具有不可替代的地位，这进一步凸显了其在高校思想政治教育工作中的核心地位。

高校思想政治教育应该努力做到发挥学生组织的团队作用，积极利用大数据手段，开展思想政治教育活动。例如，可以定期地利用学生组织开展相关的思想政治教育活动及定期组织学生参观彰显社会正能量的场所等。

参考文献

[1] 臧宏玲．高校思想政治教育前沿问题研究［M］．长春：吉林人民出版社，2017.

[2] 唐敦双．高校思想政治教育的实效性研究［M］．北京：九州出版社，2017.

[3] 刘秉亚．“微时代”高校思想政治教育创新研究［M］．成都：西南交通大学出版社，2017.

[4] 刘泾．高校思想政治教育中的规则意识培育［M］．上海：上海人民出版社，2017.

[5] 代黎明．高校思想政治教育实效性研究［M］．北京：北京理工大学出版社，2018.

[6] 王凤双．互联网时代高校思想政治教育的解构与重建策略研究［M］．北京：九州出版社，2018.

[7] 常佩艳．文化视野下高校思想政治教育实践研究［M］．北京：九州出版社，2018.

[8] 王峥．新媒体与高校思想政治教育［M］．长春：吉林文史出版社，2018.

[9] 姚常红，魏佳平，孔艳波．新时代高校思想政治教育教学的三维转换［M］．长春：吉林文史出版社，2018.

[10] 侯宪春．地方文化在高校思想政治教育中的应用研究［M］．延吉：延边大学出版社，2019.

[11] 张吉，杨朝晖．新时代背景下传统文化融入高校思想政治教育探索与发展［M］．天津：天津人民出版社，2019.

[12] 郭志栋．新时代背景下大学生思想政治教育研究［M］．天津：天津人民出版社，2019.

[13] 廖雅琴．供给侧视域下高校思想政治教育创新研究［M］．北京：新华出版社，2020.

[14] 崔晋文．思想政治教育中的美育问题研究［M］．武汉：武汉大学出版社，2021.
[15] 倪瑞华．思想政治教育认同基本理论研究［M］．北京：中国民主法制出版社，2021.
[16] 张冀．高校微信公众平台思想政治教育功能研究［M］．成都：西南交通大学出版社，2021.
[17] 何宗元．新时代思想政治教育协同育人原理与实践研究［M］．北京：企业管理出版社，2021.
[18] 赵金莎．思想政治教育话语研究：军地高校思想政治教育话语比较［M］．西安：陕西人民出版社，2021.
[19] 刘小春．高校网络思想政治教育引论［M］．重庆：重庆大学出版社，2021.
[20] 张枫．中国优秀传统文化与高校思想政治教育工作融合研究［M］．太原：山西经济出版社，2022.
[21] 严淑华，郭林锋．大学生情绪管理与思想政治教育［M］．北京：冶金工业出版社，2022.
[22] 徐俊．高校大学生思想政治教育认同研究［M］．武汉：华中科技大学出版社，2022.
[23] 赵敏．多维视域下的大学生思想政治教育研究［M］．济南：山东大学出版社，2022.
[24] 刘超．新时代思想政治教育与传统文化融合发展研究［M］．长春：吉林大学出版社，2022.
[25] 纪安玲．红色文化资源融入高校思想政治教育研究［M］．北京：线装书局，2023.
[26] 曾彩茹．网络思想政治教育理论与实务［M］．西安：陕西人民出版社，2023.
[27] 陈享辉．思想政治教育生活化的解读与实现路径［M］．北京：北京教育出版社，2023.
[28] 王宝智．社会热点与智能思想政治教育研究［M］．长沙：湖南大学出版社，2023.
[29] 廖巍，刘健，于静．大学生思想政治教育主题活动创新研究［J］．理论观察，2014（6）：139-140.

[30] 殷沈琴，张恽．新形势下青少年大数据共享平台建设的探索与思考 [J]．青年学报，2017（2）：31-36.

[31] 包政．移民数字星球，你准备好了吗？[J]．销售与市场（营销版），2019（7）：14-18.

[32] 康沛竹，艾四林．建设高素质思政课教师队伍 [J]．中国高校社会科学，2019（3）：15-18.